FRAGMENTS ET COLLAGES

DIANE LAMOUREUX

FRAGMENTS ET COLLAGES

essai sur le féminisme québécois des années 70

les éditions du remue-ménage

CORRECTION: Rachel Bédard
Hélène Larochelle

CONCEPTION GRAPHIQUE ET MONTAGE: Odette DesOrmeaux

COUVERTURE: Plessisgraphe

DISTRIBUTION: Diffusion Dimedia inc.
539, boulevard Lebeau
Ville Saint-Laurent
Québec, Canada
H4N 1S2
Téléphone: (514) 336-3941
Télex: 05-827543

En Europe:
Vander s.a.
Avenue des Volontaires, 321
B-1150 Bruxelles
Belgique
Tél.: 02/762.98.04

Dépôt légal: premier trimestre 1986
Bibliothèque nationale du Québec
Bibliothèque nationale du Canada

Les Éditions du remue-ménage sont subventionnées par le ministère des Affaires culturelles (Québec), le Conseil des Arts du Canada et le Secrétariat d'État (programme Promotion de la femme).

Les Éditions du remue-ménage
4800 Henri-Julien
Montréal, Qc
H2T 2E1
Tél.: (514) 845-7850

ISBN 2 89091 059 8

LE FÉMINISME ET LA CRISE DU MODERNE

Il y a une manière de lire les faits qui les occulte ou les travestit, les empêchant de manifester leur originalité. Lecture qui opère en appliquant telles quelles des grilles constituées à partir d'autres faits, lecture qui recourt à des concepts éprouvés sur d'autres situations. Or l'émergence d'un problème nouveau requiert une approche spécifique. La lutte des femmes, telle qu'elle a resurgi à notre époque, ne peut être appréciée à la lumière de la lutte des classes, des races, des nations: elle ne peut leur être rapportée comme à un patron, au regard duquel elle serait nécessairement en défaut.

Le féminisme a pourtant été le plus souvent victime de ce mode de lecture, soutenu parfois par les féministes elles-mêmes dans le souci de légitimer leurs luttes en les rabattant au moins partiellement sur celles qui avaient acquis droit de cité. Car aujourd'hui encore la lutte des femmes est souvent considérée comme un luxe et le sexisme traité avec condescendance, quand le racisme suscite une indignation quasi-unanime. La violence dont les femmes sont l'objet est si ancienne, et à ce point intégrée dans les structures culturelles et sociales comme dans les esprits, qu'elle en devient invisible et qu'il a bien fallu toute l'énergie des féministes pour la faire apparaître et reconnaître. Cette violence institutionnelle se dissémine en effet dans l'ensemble des comportements, jusqu'à se traduire en violence simplement physique. Mais si elle porte sur toutes les femmes, elle les atteint le plus souvent dans la singularité de leur existence. Il y a des femmes privées de droits et privées de travail, des femmes battues, violées, excisées, des femmes contraintes dans leur chair, dans leur expression, mais il n'y a pas de pogroms de femmes, ni de camps de concentration, ni de lutte armée, ni de frontière où cette violence se cristalliserait et ferait choc. L'apartheid que subissent les femmes est si insidieux qu'il n'apparaît pas comme un crime, mais comme un usage international. D'où la difficulté d'isoler le mal et de le combattre. Les outils forgés pour analyser les autres formes d'exploitation ou d'oppression ne sont pas applicables à celles qui concernent les femmes. Ainsi le modèle marxiste, présent à l'horizon de toutes les théories de libération du XXe siècle, ne peut-il être appliqué comme tel. Il n'est pas pertinent. Toute approche comparative qui ne partirait pas du féminisme lui-même est d'ailleurs vouée à le méconnaître. Elle manquerait son but.

Entre moderne et post-moderne

L'originalité du féminisme tient aux caractères particuliers du problème soulevé, mais aussi au moment historique de son émergence, ces deux composantes étant d'ailleurs difficilement séparables.

Les luttes de classe, les luttes raciales, les luttes coloniales sont en effet nées du monde moderne et portent les marques de leurs origines. Le marxisme n'est concevable que par rapport au capitalisme et partage avec lui le culte de l'*homo oeconomicus*. L'anti-colonialisme s'inscrit à la suite de l'impérialisme, dans une idéologie nationaliste. Le problème du racisme est plus complexe mais, sous ses formes récentes, il recoupe souvent les nationalismes ou les territorialismes.

Or le féminisme est à la fois le dernier avatar du monde moderne et le symptôme de ce que nous appellerons ici, faute d'un meilleur terme, et à l'abri de son imprécision, le monde post-moderne. Il appartient très précisément à la crise du moderne.

Il répond à l'appel du moderne quand il revendique l'égalité, cherchant à obtenir pour les femmes les droits acquis pour les hommes et à élargir la notion de droits de l'homme en droits de la personne. Moderne, quand il réclame pour les femmes l'accès au travail professionnel comme instrument de libération et le calcul économique du travail ménager, dans la foulée du productivisme mis en place par le monde industriel. Moderne, quand il pense la libération des femmes en termes de réappropriation d'un territoire aliéné, celui-ci fût-il limité au corps. Moderne encore, quand il se situe comme une étape du progrès de l'humanité, et même son ultime étape, et voit dans la résolution de la guerre des sexes la fin de l'histoire, conférant ainsi à «la» femme le statut parousique d'«avenir de l'homme», comme dit le poète, dans une perspective historiciste axée sur l'idée de progrès.

Mais il répond aussi et en même temps à l'appel post-moderne quand, court-circuitant la hiérarchie et l'opposition binaire des sexes, il installe partout la différence et l'hétérogénéité. Post-moderne, quand il dénonce la confiscation du temps au profit du travail. Post-moderne, quand il perçoit le corps comme une surface polymorphe, qui fait peau de partout. Post-moderne, quand il définit la lutte des femmes comme un mouvement et non comme une fin totalisante. Post-moderne, quand il dénonce l'idée d'une nature féminine (ou masculine) mais aussi bien d'une nature humaine, sans en faire pourtant un produit de l'histoire.

La femme comme irreprésentable

Essentiellement critique, le mouvement féministe est le seul mouvement révolutionnaire qui n'appuie sa revendication sur aucun modèle préalable et qui ne peut se penser en termes de réappropriation ou de retour. Car l'oppression sexuée est originaire: elle ne connaît pas d'avant elle-même. Sa résolution ne peut être pensée qu'en termes d'avenir, dans l'inspiration et l'énergie toujours renouvelées de celles qui la veulent et la portent. Il n'y a pas de moment ou de lieu où les femmes auraient connu un avant-goût de ce qu'elles veulent et dont elles pourraient soutenir l'image. L'être des femmes, comme objectif du féminisme, est donc en ce sens de l'ordre de l'irreprésentable, et la politique féministe, dans son essence, sans programme: politique du désir, non du besoin, de l'imagination, non de l'application.

Le mouvement des femmes est apatride. Il est même extra-territorial. «L'homme sans qualités», c'est bien une femme. Dans cette perspective, le féminin serait la bâtardise élevée au rang d'essence (du moins dans la part la plus radicale du mouvement puisqu'on y trouve aussi la prétention à un féminin définissable, *remake* de la féminité traditionnelle).

Sans doute affolées par cette absence inhabituelle de représentation et sommées par la pensée dominante d'en faire preuve pour se légitimer, les féministes ont-elles tenté de désigner un espace, réel ou symbolique, qui pût précisément leur tenir lieu de patrie ou plutôt de matrie. Ces exilées ont pensé leur lutte comme nationalisation. Ainsi ont-elles cherché racine tantôt dans le corps propre, tantôt dans la langue comme langue maternelle, tantôt dans l'hypothèse chimérique d'un matriarcat passé. Certaines se sont inventé des dieux, des déesses, mimant jusqu'à ce point la culture qu'elles désavouaient, l'homologuant, rêvant d'Église.

Mais toujours, dans cet effort d'appropriation ou de territorialisation demeure présent le danger, en marquant des limites, une enceinte, de contribuer à un nouvel enfermement. D'où l'indécision qui traverse les concepts de féminité, de féminin ou même de femme, à la fois revendiqués et désavoués.

Ainsi apparaît-il, à travers toutes ces tentatives et ces médiations obligées, que la femme est à elle-même son propre avenir. Faute de terre natale, le mouvement des femmes ne peut se porter que vers l'avant, d'un geste orphelin, d'une pensée sans maître. Ici la généalogie est autologie.

L'ambiguïté (que j'ai désignée ici comme crise du moderne, croisée du moderne et du post-moderne) est présente dans la définition même de la catégorie sous laquelle les femmes se rassemblent. Car que forment les femmes? Une quasi-classe? Une quasi-race? Une quasi-nation? Donc, moins qu'une classe, qu'une race, qu'une nation, un sexe qui ne se soutient ni du biologique ni de l'historique, peut-on penser dans la difficulté où on est de désigner exactement les frontières et l'identité de ce groupe. Car l'oppression des femmes a ceci de particulier qu'elle atteint chaque femme de manière singulière, jusque dans son intimité, et que c'est à travers chaque femme, par chaque femme, comptable devant elle seule, qu'elle doit être collectivement combattue. La lutte des femmes ne peut faire l'économie des individus pour se produire comme généralité. D'où l'hésitation des féministes en matière de terminologie: «la» femme ou même «les» femmes faisant place, dès le début du mouvement, à «des femmes», d'où l'important entrelacement de l'éthique et du politique, du privé et du public. Car le paradoxe de cette lutte collective est qu'elle a pour objectif de produire des sujets, de dégager les femmes de l'emprise du même, de la généralité de la féminité sous laquelle le patriarcat les a enfouies.

La même ambiguïté se retrouve d'ailleurs dans la désignation de l'adversaire, car l'adversaire n'est pas identifiable à l'ennemi: il peut être aussi bien l'ami, le compagnon, le partenaire, le collègue, l'amant. À tel point que dans l'hétérosexualité, la frontière entre le geste de désir et le geste d'agression est difficilement déterminable de manière objective et cependant indiscutable subjectivement.

Cette position originale des parties en cause, cette étroite intrication de ce qui est adverse avec ce qui, d'autre part, alimente, n'est pas le propre seulement de la vie affective, mais s'étend à toute la vie culturelle. L'ennemi est toujours perversion de l'ami, ou de l'allié, père-version, pair-version, la mauvaise version étant inextricable de son texte.

D'où peut-être l'absence d'opposition frontale dans le féminisme, et l'absence de son corrélat, la violence sanglante, visant la destruction physique de personnes. Et la faible présence de fantasmes en ce domaine, car la hantise de la castration est bien plus imputable aux hommes qu'aux femmes, à quelques exceptions près. Le combat est ici un combat avec l'ange, un corps à corps.

Sécession et reterritorialisation

On comprend alors la tentation et la nécessité de la sécession, pour marquer des limites par un geste clair, sécession homosexuée des groupes féministes et/ ou sécession lesbienne, aucune cependant totale, aucune ne pouvant récuser l'héritage culturel mixte.

La sécession homosexuée du féminisme le pousse jusqu'ici, et à la différence d'autres mouvements, à n'admettre comme membres que les victimes mêmes de l'oppression, à l'exclusion de tous les alliés, c'est-à-dire d'hommes (alors que des Blancs soutiennent les Noirs, et des nationaux, les immigrés). Stratégie de regroupement propre à une première étape, à la constitution d'un noeud de résistance, et qui autoriserait ensuite une ouverture sur ses bords? Ou bien position de principe? La seconde hypothèse est la plus fréquemment soutenue, bien qu'elle soit partiellement et officieusement démentie par les faits quand le mouvement recourt aux rouages du «système» et prend appui sur ceux qui s'y prêtent.

La sécession lesbienne, quant à elle, est traversée par la même ambiguïté que le féminisme. Le lesbianisme répond au post-moderne parce qu'il casse le code des relations amoureuses qui ont soutenu jusqu'à ce jour l'institution patriarcale de la famille, ou qu'il libère le désir de sa «contrainte à l'hétérosexualité». Mais il reste cependant prisonnier du moderne quand il prétend ramener le désir sous la bannière politique, ou quand il cherche à se constituer en nation, ou même en race, en race élue. C'est pourquoi, malgré son pouvoir d'interrogation et d'ébranlement, le lesbianisme n'est pas, à mon sens, la résolution des distorsions du féminisme: il les partage. Il comporte lui aussi plusieurs courants et nécessite plusieurs éclairages.

Le féminisme et les nouvelles luttes sociales

Les éléments post-modernes que nous avons relevés dans le féminisme lui sont-ils propres, forment-ils exception? Ou bien le féminisme est-il, dans sa forme spécifique, prémonitoire des luttes sociales à venir, qui ne pourront plus se produire dans les anciens termes? Ce n'est sans doute pas par hasard que les syndicats, par exemple, groupes éminemment modernes de la lutte sociale frontale, nés dans le cadre de l'industrie capitaliste, sont aujourd'hui en perte de vitesse parce qu'ils manifestent leur impuissance à assumer les nouvelles revendications et les nouvelles exigences des groupes sociaux. En ce sens donc, une analyse attentive du féminisme pourrait bien être éclairante pour l'appréhension des formes des luttes sociales à venir.

On comprend dès lors que l'articulation du féminisme à la politique ne soit pas simple. Le féminisme est irréductible à sa traduction en termes politiques traditionnels, bien qu'il ne puisse en faire l'économie. Formulé ponctuellement en objectifs déterminés, le féminisme se traduit et se trahit tout à la fois. Il n'est pas de conquête politique qui ne comporte le risque de se retourner contre les femmes d'une part, il n'est pas de projet politique qui puisse, d'autre part, assumer l'exigence féministe. C'est pourquoi, sans doute, le féminisme s'est produit en mouvement et a toujours éprouvé de grandes résistances à son articulation en parti. Radical, il doit composer avec les réformes, post-moderne, il doit utiliser les ressources de l'organisation sociale moderne. En ce moment de crise du moderne, le féminisme court autant de risques en se confiant à la politique qu'en résistant à son passage par la politique.

* * *

Je ne puis, au terme de cette brève préface, contribuer, même modestement, à l'analyse que Diane Lamoureux fait, dans ce livre, d'une situation nationale qui ne m'est pas familière. Au moins puis-je penser qu'elle comporte certains traits analogues avec celles que je connais. Je ne puis non plus croire rejoindre point par point les positions théoriques qui sont les siennes. Mais je salue ici, en l'accompagnant, un rigoureux travail de pensée qui vise à dégager l'originalité du féminisme par rapport aux autres luttes sociales auxquelles on l'a si souvent rapporté. Travail qui, en dégageant les lignes fondamentales du mouvement, permettra de mieux en soutenir l'existence: l'invisibilité supposée du féminisme tient pour une large part aux habitudes du regard.

À lire Diane Lamoureux, on comprend mieux que méconnaître l'originalité du féminisme, ce serait aussi se priver d'un révélateur privilégié des enjeux de notre temps.

Françoise Collin

AVANT-PROPOS

Cet essai tire son origine d'une thèse sur les difficultés d'émergence d'un mouvement féministe au Québec, thèse que j'ai entreprise en 1978 et terminée, pour l'essentiel, en 1981. Mais au-delà des réponses académiques qu'il était possible de donner sur le sujet, plusieurs questions restaient en suspens. En même temps, je pouvais constater que le mouvement féministe des années 70, dont il était question dans cette thèse, se rétrécissait comme peau de chagrin. Déjà, au fil des ans, certains chapitres de la thèse commençaient à prendre des allures de chronique nécrologique des collectifs de femmes. Parallèlement, j'en venais même à me demander si cela signifiait encore quelque chose que d'être féministe, d'autant plus qu'il fallait assortir le vocable d'une série d'autres qualificatifs si l'on voulait être sûre de ne pas faire erreur sur la personne.

Car si le féminisme politico-militant, celui qui se jouait à la fois au niveau de la pratique et de la théorie, s'étiolait, si les groupes anciens avaient tendance à disparaître, le terrain n'était pas laissé vacant pour autant. Le nombre de collectifs de femmes augmentait régulièrement, les services et organismes de/pour femmes se multipliaient, les agences gouvernementales et institutionnelles connaissaient une activité non négligeable. Paradoxalement, le féminisme a commencé à mal se porter quand il est devenu à la mode. À peine redécouvert et actualisé, il commençait déjà à être la cible de prises en charge diverses et contradictoires par l'État, la «gauche», les syndicats, le mouvement alternatif. Noyé dans un mouvement global et renvoyé à un particularisme, une spécificité, le féminisme paraissait menacé d'étouffement. D'autre part, la vie concrète et quotidienne de milliers de femmes était affectée par le féminisme, se modifiait substantiellement, et cela n'était pas sans comporter certains aspects positifs. Peut-être avons-nous des acquis?

Dans le contexte actuel, alors qu'on a l'impression que rien ne se passe, que les espoirs nous ont désertées ou que nous avons collectivement adopté le désenchantement comme mode essentiel de rapport au monde, il me semble utile de profiter du temps mis à notre disposition pour réfléchir. Il ne s'agit pas de brûler aujourd'hui ce qui, hier encore, était l'objet d'adoration, mais plutôt de jeter un regard neuf sur notre histoire, question de pouvoir la poursuivre sans sombrer dans la routine et l'enlisement. Ce texte se veut une contribution à une réflexion qu'il est loin d'épuiser; il veut relancer un débat. Notre génération militante a vu s'effondrer suffisamment de certitudes pour qu'il vaille la peine de s'arrêter à penser le temps dans lequel nous vivons.

Il faut entrevoir la pensée non pas en termes de son utilité immédiate, selon un mode à la fois idéologiste et productiviste, mais beaucoup plus comme un moyen de préserver l'avenir. Se contenter des chemins battus, se réfugier de façon plus ou moins cynique dans la première lutte venue peut s'avérer rassurant à court terme et donner un certain air d'aller, mais celles et ceux qui en ont déjà fait l'expérience savent à quel point l'activisme est débilitant et dépolitisant. Un renouveau de la pensée politique me semble indispensable pour sortir de la crise dans laquelle nous nous trouvons.

Je fais partie, comme beaucoup de féministes québécoises, de cette génération qui a cru pouvoir provoquer et vivre des changements importants. Le féminisme, le socialisme et l'indépendantisme ont constitué des composantes centrales de mon cheminement. Cela peut paraître un peu rétro de le souligner maintenant que l'indépendance est reportée aux calendes grecques, que le socialisme évoque principalement le cauchemar du goulag et que le féminisme semble avoir disparu derrière les institutions. Ce cheminement personnel éclaire la structure de ce texte. Plus particulièrement, il me paraît essentiel de comprendre ce qui, dans le féminisme, l'a amené là où il semble s'être (momentanément, je l'espère) arrêté.

C'est le sens qu'il faut donner à cet essai et le concevoir comme un bilan public de mon/notre expérience. La réflexion contenue dans ce texte est à la fois individuelle et collective, même si je suis seule à en assumer la responsabilité. La plupart des thèmes que j'aborde ont fait l'objet de discussions souvent informelles au cours des dernières années et mes positions se sont développées au cours de ces rencontres/croisements.

Je ne peux pas remercier toutes celles qui m'ont permis de cheminer au cours des années, mais j'aimerais mentionner les femmes du Centre d'études multidisciplinaires et d'informations des femmes (CÉMIF), avec lesquelles je poursuis un processus de débat depuis près de deux ans maintenant. De même, Marie-Claire Marcil a été présente tout au long de cette réflexion et m'a encouragée à la poursuivre, même si nos conclusions ne concordaient pas toujours; elle m'a fourni un soutien et a été mon interlocutrice privilégiée au cours des six dernières années. Marie-Blanche Tahon, Marie-Claire Marcil, Chantal Maillé et Geneviève de Pesloüan ont lu le manuscrit et ont apporté des commentaires qui m'ont permis de retravailler certaines sections du texte. Je voudrais profiter de l'occasion pour les en remercier, de même que Françoise Collin, qui a accepté de préfacer le livre, et les éditrices du remue-ménage, qui ont effectué avec moi la révision du manuscrit.

J'ai essayé de rendre ce texte le plus lisible possible, ce qui explique que les citations, références, statistiques et autres aient été écartées chaque fois que cela s'avérait faisable; je voulais ainsi éviter la facture académique et privilégier la communication avec celles qui sont les premières concernées par mes propos, celles qui font et ont fait le mouvement. Par ailleurs, la bibliographie se veut utile pour celles qui auraient le goût de poursuivre le débat, de même qu'elle permet de reconnaître mes dettes intellectuelles vis-à-vis de celles qui ont déjà réfléchi, par écrit, sur le sujet ou des sujets connexes.

OÙ EN EST LE FÉMINISME ?

Parler du féminisme devient de plus en plus difficile. Quelquefois on pourrait avoir l'impression que ce n'est possible qu'au passé, comme si le féminisme avait fait son temps et qu'il fallait chercher ailleurs le sens de notre existence. De fait, le féminisme n'est plus au centre du *hit-parade* de la bougeotte socio-politique. Mais est-ce parce que les luttes des femmes sont moins perceptibles publiquement — comme s'il y avait quelque lutte que ce soit qui se laisse percevoir dans le Québec actuel — qu'on doit automatiquement en déduire que le féminisme a fait son temps et passer à d'autres «justes» causes comme le pacifisme, l'écologie, les jeunes (qui n'ont pas de sexe?), etc.? Face à la morosité ambiante, il serait trop facile de dire que le féminisme n'a été qu'un effet de mode.

Au contraire, il me semble que le féminisme a constitué le plus profond bouleversement de la pensée politique occidentale, telle qu'elle s'est structurée autour de la notion d'État au XVIe siècle. À l'idée de l'État et du politique étanchement et hygiéniquement coupés du social, servant à unifier, à universaliser le social, le féminisme a posé au centre de son projet la multiplicité du politique et l'impossibilité tant de l'unification que de l'universel dans des sociétés divisées par les rapports sociaux de sexes.

En fait, le féminisme des années 70 n'a soulevé qu'un coin du voile plutôt qu'épuisé l'ensemble de ses possibilités. Dans ce sens, le seul effet de mode qu'on puisse lui concéder c'est sa massification et la récupération d'une partie de son discours par des forces socio-politiques qui sont loin de se situer sur son terrain. Mais l'effet de mode dans ce cas-là, ce n'est pas au féminisme qu'il faut l'imputer mais plutôt aux tentatives (ratées) de mise à jour d'un certain discours politique. Dans *Les Femmes et leurs Maîtres,* un des premiers livres signant le constat de décès du féminisme, Maria Antonietta Macciocchi en faisait le dernier avatar du mouvement de 68 et voyait dans cela même la source de sa morbidité.

Il me semblerait plus exact, à la lumière des dernières années, d'interpréter le féminisme comme le premier mouvement, la première pensée anticapitaliste postmarxiste. Si les années 70 ont mis en lumière les impasses d'une pensée, c'est bien celles du marxisme même si le foisonnement de la marxologie a longtemps pu faire écran. Et ce qui a beaucoup nui au féminisme au cours de cette période, c'est de paraître lié à ce courant théorique et politique et d'en faire son référent et son interlocuteur principal. Cela nous a empêchées de définir nos propres horizons autrement que par mimétisme: à la lutte des classes, nous substituions celle des sexes, quand nous ne nous demandions pas comment les articuler, en accordant bien souvent préséance à la lutte des classes; au matérialisme historique et dialectique, nous répondions par le féminisme matérialiste et, nous aussi, nous rêvions d'une nouvelle science des opprimées, allant jusqu'à reproduire par notre insistance sur les-femmes-comme-victimes les aspects les plus bêtifiants du discours sur la paupérisation de la classe ouvrière.

Maintenant certaines d'entre nous peuvent se rendre compte que c'est loin d'être suffisant et même que c'est un début pour le moins boiteux. Nous nous retrouvons un peu dans la même situation que les féministes de 68 découvrant les suffragettes et ne pouvant guère s'empêcher de les trouver bien bourgeoises et réformistes. Sauf que lorsque nous analysons le féminisme des années 70, ce ne sont pas d'autres que nous-mêmes que nous pouvons affubler d'étiquettes comparables. C'est ce qui rend la tâche à la fois difficile et possible. Difficile, parce qu'il ne va pas de soi d'interroger les anciennes certitudes (d'autres diraient les acquis) pour approfondir notre réflexion et notre action; l'histoire récente de la gauche québécoise nous montre que la tendance première est de tout envoyer aux poubelles, en premier lieu, les espoirs que nous véhiculions à travers nos luttes. Possible, parce que nous l'avons expérimenté de l'intérieur, que nous n'avons pas à redécouvrir cette histoire mais simplement à la redimensionner. Nécessaire enfin, parce qu'il y va dans une certaine mesure de la survie même de notre mouvement et de notre capacité à redéfinir une société où nous puissions vivre.

Peut-être cette démarche procède-t-elle d'un certain messianisme politique fort à la mode dans les années 60 et 70? J'aurais plutôt tendance à penser que cela est une condition essentielle au passage à une nouvelle culture politique qui ne se veut pas l'expression de la seule rationalité et des lois de l'histoire mais qui cherche à intégrer les diverses composantes du social tout en leur conservant leur diversité. C'est un pari difficile à gagner, d'autant plus qu'il se situe *a contrario* du cheminement des mouvements du passé. Que les exemples n'existent pas n'implique pas l'impensable mais souligne l'importance de pensées et de pratiques novatrices.

Les effets de mode

Notre histoire est pour le moins bizarre. Plusieurs d'entre nous ont connu les diverses étapes qui ont conduit du «je ne suis pas féministe, mais», au «je suis féministe, mais». Ce phénomène a souvent été associé à une massification du féminisme. Fortes de nos succès, nous avons quelquefois pris pour du «cash» une telle affirmation. La réalité paraît cependant autrement plus complexe. Plutôt que de massification, il faudrait parler de domestication du féminisme. Ce qui irritait dans le féminisme des années du «je ne suis pas féministe, mais», ce n'est pas la dénonciation des inégalités que vivaient les femmes mais la radicalité de la critique sociale qui se développait à travers le féminisme, alors que ce qui est sous-entendu très souvent aujourd'hui par «je suis féministe, mais», c'est justement que celle qui l'énonce n'est pas un de ces épouvantails radicaux laissé dans la naphtaline des années 60 et 70. Où est l'évolution, sinon à l'intérieur du féminisme qui se vit de plus en plus comme mouvement d'intégration, voire de promotion sociale (c'est encore chic d'être féministe, si on n'en fait pas tout un plat)? Et c'est le genre de féminisme qui va probablement cesser d'exister le jour où la philanthropie sur commande sera passée de mode[1]. La fin de la décennie des femmes risque d'ailleurs de faire des ravages à ce niveau.

Nous touchons là un deuxième aspect de la question: au cours des années 70, le féminisme a constitué un point autour duquel les femmes (et elles seules) devaient se définir. Mais cela n'allait pas sans problèmes: le féminisme était une politique de femmes, tandis que la politique n'avait pas à en être touchée. Il y avait d'un côté la politique (toujours essentiellement masculine, même si les femmes y ont fait une percée réelle) et de l'autre, le féminisme, sorte de succédané à l'usage exclusif des inférieures (des sous-hommes?). Du côté de la politique, il y avait les divisions prises comme allant de soi, alors que le féminisme devenait un vaste fourre-tout où les distinctions n'étaient pas de mise. On a ainsi assisté à un double processus. Le féminisme était de bon aloi pour une femme politique ou une femme exerçant une charge publique, dans la mesure où il était difficile de se présenter ouvertement

---

1. Dans le style des Années internationales de la jeunesse, des personnes handicapées, des femmes, etc.

comme antiféministe dans un contexte où, au nom du féminisme, il y avait revendication d'un plus large accès des femmes aux fonctions de responsabilité. Toutefois, le terme en est venu à perdre toute signification concrète, devenant une vaste catégorie fourre-tout; le féminisme s'est vu attribuer, de l'extérieur, une homogénéité un peu ghettoisante. D'où l'importance du «mais» pour que le terme acquière une signification et l'individue qui s'en réclame, une certaine singularité.

Coincées entre l'État...

Au-delà de tout cela se profile la difficulté d'être féministe aujourd'hui. Cela veut de moins en moins dire quelque chose. D'une part l'État, à travers ses divers organismes, en a fait une institution. D'autre part, certaines forces d'opposition s'en réclament, tout en lui reconnaissant un caractère non suffisant. En ce qui concerne l'État, ses méfaits ont souvent été dénoncés, mais à la pièce, sans qu'on puisse vraiment se rendre compte de l'ensemble de ses ramifications dans le champ du féminisme; c'est pourtant loin d'être mineur. Il y a bien sûr le Conseil du statut de la femme (CSF), qui est en même temps la forme le plus visible mais finalement la moins insidieuse de l'intervention de l'État. Le rôle du Conseil est d'ailleurs très clairement défini: traduire en termes étatiques les revendications des femmes. Mais le Conseil est loin de posséder ce monopole. Tous les ministères apprêtent maintenant leur salade à la sauce féministe. On ne peut plus envisager de politique concernant l'éducation, le travail, l'économie sans qu'il y ait au moins un paragraphe concernant les femmes. Mais cela va encore plus loin. Tous les partis ont maintenant leur commission-femme et c'est un des électorats les plus courtisés, comme l'affaire des «Yvette» l'a mis en lumière. Or ce qui est dangereux dans l'intervention de l'État, c'est qu'il dispose de moyens d'occuper l'essentiel du champ des pratiques inspirées du féminisme.

Une des premières forces de l'intervention étatique, c'est qu'elle peut se parer de l'étiquette du réalisme. L'État n'intervient pas dans le champ des idées, pour questionner des situations, mais essentiellement au niveau de politiques qui ont le principal avantage d'être «claires» et «réalistes». À cet égard, l'exercice de style du CSF en 1978 est très intéressant. Au lieu de réfléchir à la situation des femmes, le document *Pour les Québécoises: égalité ou indépendance* décrit sommairement quelques manifestations de l'inégalité et dresse ensuite la liste d'épicerie des revendications possibles et imaginables. Le féminisme est ainsi dénué de sa substance critique pour passer au rang de livre de recettes et de réformes à mettre en application au moment jugé le plus opportun.

Dans un tel contexte, il devient évident que l'opportunité se détermine en fonction des priorités étatiques et non plus de la dynamique des luttes et encore moins celle des besoins des femmes. On dépasse là le simple stade de la traduction technique des revendications, qui traversent alors un nouveau collimateur: la césure avec leurs bases d'expression. Le féminisme cesse à ce moment d'être un mouvement social ou un courant critique, et certains aspects de son discours sont intégrés — après aseptisation — par la machine étatique. C'est là une forme des plus classiques de la récupération, en ce sens qu'on assiste à une positivation (traduction en politique) d'un courant social critique, c'est-à-dire négatif. D'un mouvement de réaction et d'opposition, on aboutit à des politiques prescriptives.

Il est certain que le processus comporte également des aspects de renforcement de la position des femmes mais cela se déroule beaucoup plus sur le plan individuel que sur le plan social. L'État donne l'illusion de créer l'environnement social, laissant à chacune le soin de se débrouiller pour son actualisation concrète. Mais le champ de la mobilisation du mouvement, de l'invention collective, se trouve anéanti. Par ce processus d'absorption étatique, le mouvement se trouve coupé de ce qui lui a donné naissance et s'étiole lentement ou alors se fige dans une rigidité dogmatique qui ne peut conduire qu'à sa marginalisation.

... et les syndicats

Se situant d'emblée sur la scène du changement et de la critique sociale, le féminisme n'allait pas seulement être la proie de la vampirisation administrative mais allait heurter de front le mouvement syndical qui, chez nous, développe des visées hégémonistes — sinon monopolistes — sur l'ensemble du champ de la critique sociale. En fait, le rapport des féministes avec le syndicalisme est extrêmement ambigu. D'une part, nous avons largement souhaité cette prise en compte du féminisme par les syndicats, en nous doutant bien que cela signifierait quelque part une prise en charge. D'autre part, nous étions toutes persuadées que les syndicats ne pourraient jamais devenir féministes et qu'on ne pouvait décidément pas s'engager à fond dans cette galère. Et aujourd'hui, nous avons à composer avec le fait que les syndicats apparaissent comme un des lieux principaux du féminisme militant. Sinistre retour des choses.

Le mouvement syndical a connu une évolution importante depuis la révolution tranquille. Sa composition a été considérablement transformée par la syndicalisation du secteur public et parapublic. Pas uniquement en termes de couches sociales entendues au sens classique, mais également dans le sens d'un rajeunissement et surtout d'une féminisation de ses effectifs. La nouvelle génération syndicale des années 60 et 70 est devenue le terreau dans lequel se sont développés le mouvement nationaliste, les groupes d'extrême-gauche, les mouvements sociaux et le mouvement féministe.

La radicalisation syndicale du début des années 70 allait poser avec acuité le problème des rapports entre les organisations syndicales et les mouvements sociaux. Car si les syndicats ont en grande partie créé et élargi l'espace politique à gauche, ils l'ont également farouchement défendu, cherchant à en faire leur chasse gardée, en jouant sur les ambiguïtés du «deuxième front» ou en prétendant que la lutte des femmes serait celle de tous les travailleurs.

À certains égards, le processus d'absorption du féminisme par le syndicalisme ressemble à celui de l'État. Là aussi il s'agit de traduire le mécontentement social en revendications. Et il est vrai que toute une série de problématiques féministes touchent le champ du travail, mais paradoxalement (!) c'est au niveau des conditions de travail que nous avons marqué le moins de points dans le mouvement syndical. Par ailleurs, les syndicats ont réussi assez subtilement à dévoyer la lutte pour l'avortement. Je pense que ça vaut la peine de décrire le processus car plus d'une — y compris moi-même — s'y est laissée prendre. En 1978-1979, alors que la mobilisation pour le droit à l'avortement battait son plein, le Comité de lutte pour l'avortement libre et gratuit (organisation féministe) a discuté des alliances à construire pour marquer des points dans ce domaine. Les alliés visés étaient les organismes de planning familial, les femmes des professions médicales et paramédicales et les syndicats. À mesure que s'élargissait l'alliance, le discours passait de «l'avortement libre et gratuit» à «nous aurons les enfants que nous voulons». À la même époque, lors du Front commun de 1979, le mouvement syndical utilisait la notion de «nous aurons les enfants que nous voulons» pour revendiquer... des congés parentaux! Glissement significatif d'un changement d'époque...

Tout cela pour dire que face aux syndicats, les féministes font difficilement le poids. Et depuis lors la situation s'est dégradée, du fait de la disparition de la plupart des groupes féministes militants. De plus, l'approfondissement de la crise économique donne une importance accrue à l'univers du travail dont les syndicats tiennent à garder le monopole. Dans ces conditions, la face visible du féminisme militant n'est bien souvent que les comités de condition féminine des syndicats, et les revendications des femmes apparaissent toutes fondées sur l'autonomie financière.

Crise du militantisme ou crise du social?

Cette situation m'amène à poser un autre problème, celui du déclin du militantisme et de ce qu'on pourrait appeler un retour vers le privé. Les années 60 et 70 ont été celles des grandes causes (qu'on se souvienne de l'indépendance et/ou du socialisme). Ces causes semblent aujourd'hui disparues, non que les problèmes qui leur ont donné naissance soient résolus, mais plutôt parce qu'ils ne sont pas parvenus à se poser différemment ou à triompher dans un temps relativement court. Les lendemains qui chantent étant reportés à un avenir incertain, plusieurs ont préféré aller prendre l'air ailleurs et essayer de transformer ce qui était à portée de leur influence immédiate. Les initiatives privées ont donc largement remplacé les initiatives sociales, et le politique est de plus en plus restreint à la vie quotidienne.

Cette crise du militantisme prend des formes différentes pour chacun des mouvements sociaux qui ont émergé dans les années 70. Pour le féminisme, cette «crise» est triple: d'abord, un mouvement de retour à partir du thème bien connu «le privé est politique», qui actuellement prend plutôt la forme de «le politique est privé»; ensuite, une remise en cause de l'universalité et des projets totalisants; enfin, l'affirmation des individues-femmes, rendue possible par ce mouvement social d'affirmation collective qu'a constitué le féminisme des années 70. Il s'agit d'une crise de croissance tout autant que d'un mouvement de désintégration.

Un des aspects les moins analysés de cette crise, c'est le rapport entre le déclin du militantisme collectif et l'affirmation d'individues-femmes. En insistant à juste titre sur la différence entre les sexes, le féminisme a pu laisser sous-entendre qu'à l'intérieur du monde des femmes tout n'était qu'homogénéité, et que toutes pouvaient être ramenées au même, au sens où le collectif subsumait les individues le composant. Or cette façon de fonctionner, si elle a permis l'émergence des femmes comme force sociale, a aussi permis l'affirmation de chacune comme sujet, comme individue non réductible à d'autres. Dans ce contexte, le collectif de type fusionnel, tel qu'il a eu tendance à se répandre, devenait une entrave à l'individualité de chacune. À trop vouloir être égales, on nivelait par le bas et on ne pouvait fonctionner que sur la base du plus petit commun dénominateur, ce qui, au bout du compte, explique une certaine paralysie.

Il ne faudrait pas perdre de vue la relation entre le mouvement collectif et les individues. Dans un premier temps, le mouvement n'a été que collectif. À l'heure actuelle, il prend la forme d'une affirmation des individues qui ont puisé leur force dans le mouvement collectif. Il s'agit maintenant d'inventer des formes d'action qui, sur la base de ces avancées individuelles, permettent l'émergence de nouvelles politiques collectives, à la fois plurielles et communes.

Mais cette pluralité ne peut être vécue uniquement à l'intérieur du mouvement. À partir de l'expérience des femmes, ce qui est remis en cause c'est principalement l'unicité du processus de transformation sociale: pas seulement l'idée du grand soir de la révolution mais surtout l'idée d'un projet politique unifié et unifiant des diverses problématiques sociales. D'une part, notre prise de conscience comme femmes a entraîné une conscience aiguë des diverses manifestations de la domination, d'autre part, cette même prise de conscience nous a montré qu'on ne peut pas subordonner la lutte contre une forme de domination à la lutte contre une autre forme de domination sans courir le risque de perdre de vue le sens de notre action. Au-delà de cela nous avons pu expérimenter le poids réducteur de l'émancipation universelle où, infailliblement, certains sont plus universels que d'autres. L'énergie pour la transformation sociale n'a pas à être considérée dans un courant unique mais doit pouvoir se déployer dans toutes les directions, ne serait-ce que pour s'assurer que la lutte contre une forme de domination n'en créera pas une nouvelle.

Finalement, on a assisté à une certaine inversion du slogan «le privé est politique», et le politique a eu tendance à se concentrer sur le réaménagement des rapports privés. Après avoir mis en lumière les déterminants sociaux des apports interpersonnels et souligné les ramifications du politique, plusieurs de nos démarches ont été dans le sens d'une renégociation des termes de la vie privée. Si des améliorations notables ont pu se faire sentir dans nos vies quotidiennes, les récentes analyses sur le travail domestique sont loin d'être rassurantes sur l'impact social d'ensemble, sans parler du fait que le marché du travail et les politiques sociales continuent de prendre pour acquis que les femmes sont assignées en priorité à l'univers domestique. Bref, si le politique est en crise, le privé n'en a pas été revalorisé pour autant et tant que les rapports privé/public ne sont pas modifiés, une intervention sur le seul privé risque de s'avérer de peu de conséquences sociales.

Ce que cette crise du militantisme met en lumière, c'est la nécessité d'inventer de nouvelles formes de subversion sociale qui questionnent l'ensemble des rapports sociaux et d'abord, pour nous, les rapports de sexes, à partir d'une multiplicité de points de vue, et surtout de niveaux. La survie du féminisme passe par sa capacité de renouvellement, non pas en s'adjoignant des étiquettes — comme a tenté de faire le marxisme — mais en retrouvant sa radicalité.

C'est par un retour à la parole singulière et plurielle que nous pourrons retrouver notre élan de critique sociale. Le cheminement des dernières années à travers les institutions étatiques ou syndicales nous a fait perdre de vue le fondement de notre révolte pour nous brancher sur les solutions les plus immédiates. Au lieu de pouvoir explorer qui nous sommes, nous avons été constamment interpellées par le «mais qu'est-ce qu'elles veulent?», nouvelle version du déni d'identité. Il s'agit de reprendre la quête de nos identités, fortes de l'expérience de nos luttes passées.

CHAPITRE I

NOTRE HISTOIRE RÉCENTE

Un des faits marquants du féminisme contemporain, c'est son extrême hétérogénéité. Hétérogénéité sur le plan de l'organisation bien sûr. Hétérogénéité également au niveau des enjeux de lutte: qu'y a-t-il de commun, *a priori,* entre un refuge pour femmes battues et un collectif qui lutte pour l'accès à des emplois non traditionnels? Hétérogénéité également au niveau des référents théoriques. Cette hétérogénéité a suggéré à plusieurs des tentatives de classement afin d'unifier au niveau analytique une réalité qui se donne à voir de façon éclatée.

En parlant du féminisme contemporain, Michèle Jean distingue trois courants: réformiste laïque, radical et socialiste[1]. Le premier courant se caractériserait par la volonté d'obtenir des réformes d'ordre législatif consacrant une certaine égalité de statut entre les femmes et les hommes. Le deuxième courant s'attaque au patriarcat comme système social et situe l'antagonisme hommes/femmes au coeur de sa problématique, tandis que le courant socialiste situe dans le système économico-social la cause de l'oppression des femmes. De plus, elle laisse entendre que les courants s'identifient à des groupes.

Lysiane Gagnon[2], quant à elle, établit la ligne de démarcation entre radicales et modérées et situe leur appartenance commune au féminisme dans le fait qu'elles reconnaissent que les femmes sont «victimes d'injustice et de discrimination». Selon elle, les modérées pensent qu'il ne s'agit que de rôles et de tâches et qu'à partir du moment où les hommes et les femmes auront des styles de vie similaires, c'est-à-dire quand les femmes travailleront pour un salaire et que les hommes effectueront un travail domestique, les différences de sexes s'estomperont. Quant aux radicales, elles se fondent sur le concept d'oppression pour analyser le rapport hommes/femmes comme un rapport de domination. Le courant radical se subdivise lui-même en trois composantes: les marxistes, les tenantes de la féminitude et les lesbiennes. Pour Lysiane Gagnon, il s'agit plutôt de courants théoriques ou de mouvements d'idées et non pas de pratiques sociales clairement identifiables.

En reprenant à son compte certains énoncés de Michèle Jean, Armande St-Jean[3] situe les courants dans un ordre chronologique plutôt que théorique et préfère analyser le mouvement sur la base de ses revendications, comme s'il s'agissait d'un mouvement homogène et de revendications qui font toutes consensus en plus de résumer la pensée du mouvement.

Si on fait le tour de ces classifications, Michèle Jean fonctionne à la logique politique dominante, dans la mesure où elle inscrit le féminisme sur l'axe classique du changement social, c'est-à-dire l'axe réforme/révolution. Lysiane Gagnon, dans ses commentaires subséquents, semble beaucoup plus s'attacher au style d'intervention (certaines seraient plus nuancées que d'autres), tandis qu'Armande St-Jean table sur une unité du féminisme qui est bien loin d'être démontrée.

Quant à moi[4], j'ai d'abord pensé à une typologie qui se réfère aux organisations et j'ai divisé le féminisme en trois courants: un courant émancipateur, un courant institutionnel et un courant, que faute de mieux je qualifiais de radical. Le premier courant centre sa réflexion et son action sur l'obtention de l'égalité pour les femmes dans la société actuelle ou dans une société dont seules les bases économiques auront été modifiées. Pour celui-ci, il s'agit d'étendre aux femmes les possibilités sociales qui, jusqu'à présent, ont été l'apanage des hommes. C'est un courant qui prend racine dans le féminisme du début du siècle et refuse souvent de s'interroger sur la structure patriarcale de la société. On retrouve principalement dans ce courant des organisations féminines de masse, structurées selon un mode hiérarchique et pouvant à l'occasion fonctionner comme des lobbies auprès des pouvoirs politiques. Le courant institutionnel résulte fondamentalement d'une volonté étatique de formaliser et canaliser l'existence de tels lobbies. Il ne se différencie pas tellement du premier courant au niveau de ses objectifs, quoiqu'il se situe uniquement dans le cadre de la société actuelle, qu'il s'agit d'améliorer et non de bouleverser profondément. La caractéristique majeure de ce courant, c'est qu'il tire sa légitimité et ses moyens d'intervention de sa relation à l'État et qu'il agit comme médiateur entre l'appareil d'État et la révolte des femmes.

Contrairement à ces deux courants, le courant radical part du postulat que l'antagonisme premier se situant entre hommes et femmes, il ne s'agit pas tant de conquérir des droits que de bâtir une société humaine qui fonctionnera selon d'autres critères, où les femmes n'auront pas à se couler dans les schèmes de valorisation définis par la société mâle mais participeront à cette définition.

Le principal problème d'une telle typologie, c'est qu'elle établit certaines divisions en ce qui concerne le discours et d'autres en ce qui concerne les pratiques, ce qui pose quelques problèmes de cohérence. J'analyserai maintenant le mouvement au niveau de ses référents implicites ou plutôt au niveau du projet poursuivi et je définirai trois courants qui vont servir d'axe analytique à mon étude et feront chacun l'objet d'un chapitre de ce livre: le courant égalitaire, celui de la différence et finalement celui de la problématisation politique.

Il me semble important de préciser que cette typologie ne permet pas d'identifier/caser les groupes comme tels mais s'attache à décoder le sens des pratiques en les ramenant toujours à leurs enjeux sociétaux. En fait, plusieurs groupes participent simultanément d'au moins deux de ces courants et parfois des trois, si on analyse leurs pratiques sur un continuum temporel. Quant aux luttes particulières, si on peut savoir avec assez de précision d'où elles partent, on peut beaucoup plus difficilement prévoir leur cheminement car il s'y mêle diverses composantes théoriques[5]. Je vais essayer d'abord d'identifier les courants au niveau conceptuel alors que les chapitres subséquents porteront sur leur articulation pratique dans le féminisme québécois des années 70.

La tentation égalitaire

L'égalité entre les hommes et les femmes est devenue un thème à la mode depuis qu'une organisation politique, petite mais bien connue, en a fait une des composantes de son programme[6]. Mais qu'entend-on par égalité? Si l'on fait référence à ce qui a été entrepris sous le vocable de l'égalité au sein du féminisme, on se rend compte qu'à bien des égards l'égalité prend la forme de l'assimilation. De fait, l'égalité est beaucoup plus la notion d'égalité des femmes avec les hommes.

Dans cette perspective, on pourrait situer le mouvement féministe comme mouvement de modernisation visant à faire accéder à la société dominante des couches qui, jusqu'à présent, en avaient été exclues. La notion d'égalité juridique, sociale ou politique se prête bien à ce genre d'interprétation, dans le sens où il s'agit d'étendre aux femmes des droits qui, quoique universels, nous ont jusqu'à présent été déniés. Mais une telle problématique omet de questionner la logique qui fait de l'universel une catégorie qui ne semble pas concerner les femmes.

Dans une telle optique, le référent est de toute évidence le masculin, auquel il s'agit de faire se conformer le féminin. C'est par rapport à la distance qui les sépare des hommes dans un monde que ceux-ci ont construit et valorisé que se mesure «l'émancipation» des femmes. Il est facile d'imaginer que dans un tel contexte les femmes soient souvent cantonnées à un rôle de second plan: elles ne peuvent qu'imiter un modèle qui, de toute évidence, s'est construit en dehors d'elles. Comme si on pouvait penser résoudre le problème de la différence par la suppression d'un des termes de l'alternative! Car ce n'est qu'en devenant des hommes que les femmes peuvent toutes en devenir les égales.

Le passage de la notion d'égalité à celle de l'assimilation est particulièrement évident si on analyse la question du travail. Et il est d'autant plus important de la comprendre que la critique de l'éthique du travail est une composante fondamentale de tout mouvement de critique sociale dans les pays industrialisés. Une des premières revendications du féminisme au début du siècle a été l'accès aux professions. Une des conséquences — indirectes — du féminisme contemporain est la présence croissante des femmes mariées sur le marché du travail. Entre les deux époques, il y a toute la conception, largement développée par de Beauvoir, de l'autonomie financière comme la condition *sine qua non* de l'émancipation des femmes. La logique qui sous-tend une telle analyse, c'est évidemment que les femmes n'ont qu'à investir le marché du travail. C'est là quelque chose de beaucoup plus aisé à dire qu'à faire, d'autant plus que cela fait miraculeusement abstraction de l'assignation prioritaire des femmes à la production domestique.

Mais la notion d'égalité doit être critiquée également au niveau philosophique. C'est là un des derniers avatars de la pensée des lumières, de la philosophie de l'époque moderne, où on a vu émerger comme figure centrale l'individu dit libre qui, seul (écrit volontairement au masculin), se qualifiait pour l'égalité. L'accès à l'égalité c'est aussi l'accès à ce type d'individuation. Cependant cela n'est possible que comme modèle fonctionnant à l'exclusion. L'individu, pour exister, a besoin que d'autres n'aient pas totalement droit à l'existence. Tout comme dans la Grèce classique le citoyen avait besoin des exclus (esclaves, femmes, étrangers) pour n'être que citoyen, autant l'individu du libéralisme a besoin de la non-humanité (renaissance de l'esclavage et théorisation du racisme, redéploiement du sexisme avec la constitution de la sphère privée). La figure de l'autre est essentielle au plein déploiement de l'un. Et dans les rapports de sexes il n'y a pas à chercher qui est l'un et qui est l'autre. Il faut tout de même s'interroger sur les conséquences sociales de la disparition de l'autre au profit de l'un, de l'absorption de l'autre par l'un.

Tant que le féminisme se confine à la problématique de l'égalité, il ne questionne pas l'ensemble de la société mais ne peut questionner que les femmes. Il n'est pas étonnant dans les circonstances que le patriarcat ait toujours pu trouver des femmes pour, au nom de la véritable féminité, dénoncer le féminisme égalitaire. Nous en avons d'ailleurs eu un très bel exemple au Québec avec le mouvement des «Yvette», qui a en quelque sorte pavé la voie aux projets politiques actuels concernant la famille. Nous avons quand même eu la chance que ses conséquences ne soient pas trop catastrophiques, du fait que ce mouvement se situait d'abord et avant tout au niveau de la politique institutionnelle et non au niveau du féminisme.

Il n'empêche que le courant égalitaire a jusqu'à présent constitué la face la plus visible du féminisme. Ce n'est pas étonnant car, dans ses velléités d'assimilation des femmes à la société masculine dominante, la composante égalitaire est la plus à même de produire une réflexion et des revendications immédiatement appréhensibles dans notre culture politique. C'est donc une composante qui peut facilement devenir visible parce que d'emblée intelligible et répertoriable. Il en va de même pour la seconde composante, le courant de la différence.

Affirmer nos différences

On ne peut pas dire que le courant de la différence ait été très important au Québec jusqu'à présent, pour des raisons que j'invoquerai plus avant dans cet ouvrage. Dans une première approche, il peut être intéressant d'aborder la différence comme l'envers symétrique de l'égalité. Toutefois, si au niveau politique le courant de la différence a été peu important étant donné l'investissement de ce champ par la question nationale, il a été très présent dans le champ culturel, surtout au niveau de l'écriture, à tel point qu'on a pu se demander s'il existait une écriture-femme.

La critique de la pensée de la différence a déjà été effectuée très systématiquement par Colette Guillaumin[7]. Cette pensée nous conduit à une quête d'identité, plutôt qu'à une analyse des rapports dans lesquels nous sommes impliquées. La critique de Guillaumin porte essentiellement sur les points suivants: la différence se pense dans un rapport où il y a un référent. Quelque part, comme dans la pensée égalitaire, le référent est masculin et les femmes ne sont qu'une spécificité par rapport à ce référent masculin, ce qui est une autre façon d'ériger le masculin en universel.

Cependant, la pensée de la différence revêt des potentialités en termes de construction de l'avenir que la pensée égalitaire ou assimilationniste dénie. La pensée égalitaire tend à réduire les différences hommes/femmes à des différences culturelles et rejette d'emblée le féminin comme un fait socialement (culturellement) construit. Il y a quelque part un refus de s'interroger sur ce que signifie cette féminité. Par ailleurs, dans la pensée de la différence il y a une forme de «naturalisation» des rapports hommes/femmes et surtout de l'identité féminine. Ainsi les femmes seraient «par nature» pacifistes, écologistes, etc. Mais en même temps cette «naturalisation» des femmes nous amène à interroger le rapport nature/culture et la pensée binaire qui s'est construite à partir d'oppositions dichotomiques.

Toutefois, ce qui pose problème dans cette valorisation de la différence c'est l'acception de la féminité. Parce que celle-ci, dans un monde à dominante masculine, est dévalorisée (ce qui est féminin est mineur), toute une composante du féminisme a cherché à la positiver. Est-ce bien là que nous pouvons trouver notre compte? Bien sûr l'attention aux autres, plutôt que le rapport de force, rend la vie quotidienne nettement plus agréable. Mais l'attention aux autres est construite à la fois comme envers du rapport de forces entre hommes et femmes et reposant sur lui. Il ne s'agit donc pas de positiver le féminin, comme certaines ont eu tendance à le faire — d'autant plus qu'un siècle de revendication égalitaire a beaucoup restreint le terrain assigné à la féminité — mais plutôt de s'interroger sur ce que pourrait signifier un monde non masculin et, par là, mettre en lumière la spécificité de la masculinité.

La positivisation a-critique du féminin conduit tout droit au romantisme et il faudrait se méfier d'un romantisme qui a permis entre autres l'émergence de la figure de la ménagère en Amérique du Nord. Car, au début du siècle également, le débat a fait rage entre une perception assimilationniste et une certaine romantisation de la féminité. Et c'est au cours de ce débat qu'on a vu apparaître la construction sociale de la maison comme refuge face aux horreurs (bien réelles d'ailleurs) de la sphère publique, sorte de repos du guerrier, entretenu par la très féminine reine du foyer sous le regard affairé des experts[8].

Réinventer le politique

Le troisième courant qui a profondément influencé la pensée féministe des années 70, qui se situe plus en complémentarité avec les deux autres qu'en opposition, est celui de la problématisation politique. C'est un courant assez composite qui puise d'une part à l'élargissement de la sphère du politique et d'autre part à la tradition de gauche, deux sources provisoirement unifiées dans la nouvelle gauche des années 60.

En ce qui concerne la tradition de gauche, sa problématisation politique tend à utiliser la «question» des femmes en faveur du développement d'une conscience socialiste. En fait, il s'agit là d'une problématisation au sens strict, dans la mesure où la question traitée n'a pas d'importance en soi et n'en acquiert que lorsqu'elle permet de servir le projet final ou central. C'est ainsi qu'on a pu voir apparaître au début des années 70 des groupes qualifiés de féministes radicaux, qui se fixaient comme objectif de féminiser la révolution socialiste et d'entraîner les femmes dans ce projet révolutionnaire. On a souvent l'impression que les thématiques féministes développées par ces groupes ne sont que des prétextes en vue de la réalisation d'un but plus grand. Il n'est donc pas étonnant qu'une bonne partie de ce courant ait adhéré aux groupes d'extrême-gauche dans la deuxième moitié des années 70 et ait participé à leur dénonciation du féminisme comme perversion petite-bourgeoise.

Un deuxième axe de la problématisation politique, c'est toute la réflexion à partir du thème «le privé est politique». Il y a bien sûr le sens que la plupart des mouvements des années 60 ont attribué à ce slogan, à savoir que la sphère dite privée est déterminée également par des mécanismes sociaux. Mais très rapidement nous en sommes arrivées à penser que c'est au niveau du privé que commençait le travail de déstructuration des rapports de domination. Le privé devenait donc le lieu d'élaboration d'une politique et tenait lieu de politique. Sans interroger le sens traditionnel de la politique, nous avons essentiellement opéré une inversion.

Le mouvement féministe a aussi été le lieu d'une remise en question de la conception traditionnelle du politique, et si aujourd'hui on commence, dans certains milieux, à interroger le politique comme dimension unifiante du social, c'est beaucoup à partir du travail d'éclatement de la totalité qu'a induit le féminisme, qui «n'est pas d'abord un système mais une praxis, orientée mais mobile, sans cesse innovatrice» et Françoise Collin de continuer en précisant:

> Le féminisme commande une politique. Mieux encore le féminisme est une politique. Radicalement révolutionnaire. Car elle ne se contente pas d'exiger la participation égalitaire des femmes à la société existante mais requiert la refonte des structures de celle-ci [...] Cette politique étend ses effets jusque dans les actes les plus simples de la vie quotidienne — qu'il faut cesser de considérer comme privés car ils sont sociaux —: dormir, boire, manger, aimer, habiter, éduquer, travailler, jouer, parler... C'est là aussi qu'elle commence, dans un lent mais obstiné travail d'effritement ou d'éclatement[9].

Ce découpage en trois courants me permettra d'analyser le féminisme des années 70 à partir du caractère pluriel de ses problématiques. Cela ne permettra pas toujours d'en suivre le déroulement concret mais cela rendra possible de penser, à travers l'expérience des années 70, la signification actuelle du féminisme à la fois comme pratique transformatrice de la société et comme éthique de notre existence.

Mouvement des femmes, lutte des femmes, féminisme

Les précisions que je veux apporter dans cette section ne sont pas simplement d'ordre sémantique. On a souvent eu tendance ces dernières années à associer les trois termes, ce qui montre à quel point le féminisme a constitué au cours des années 70 le pôle de référence politique des femmes. Mais que le féminisme ait été déterminant ne nous autorise pas à qualifier toute action des femmes de féministe, à moins de s'enfoncer dans un œcuménisme de mauvais aloi.

Par mouvement des femmes, j'entends toutes les pratiques et toutes les organisations de femmes. Plusieurs sont marquées du sceau du féminisme. Ce qui les caractérise, c'est d'être le fait de femmes et de ne pas dépendre d'autres organismes. Ainsi le mouvement des femmes peut aussi bien regrouper la Fédération des femmes du Québec que la galerie Powerhouse ou encore un centre de formation pour femmes. Les composantes du mouvement peuvent s'intéresser à une série de questions concernant les femmes ou se concentrer autour de thématiques très précises et limitées dans leurs objectifs.

Les luttes des femmes prennent la forme d'apparitions publiques ponctuelles du mouvement; la particularité des luttes, c'est de constituer des points de convergence entre diverses composantes du mouvement mais également entre le mouvement et d'autres forces sociales. Ainsi la dynamique des luttes de femmes peut-elle échapper totalement au mouvement. Par exemple, les garderies sont devenues une revendication populaire et syndicale, les congés de maternité, des clauses de conventions collectives, l'avortement, une affaire de médecins et la lutte contre la pornographie, un débat autour de la censure. Une autre caractéristique des luttes, c'est de déboucher très rapidement sur des revendications très cernables qui permettent de mobiliser largement tout en créant une démobilisation importante une fois qu'elles sont satisfaites.

Si le féminisme puise à des sources idéologiques qui ne sont pas propres à notre époque, la résurgence du féminisme dans la plupart des pays capitalistes avancés tout comme la similitude des thématiques et des luttes développées nous obligent à réfléchir sur les causes de son émergence ou, à tout le moins, à contextualiser cette résurgence. À ce titre, on peut dire que le féminisme contemporain se situe en continuité avec le mouvement pour l'égalité des droits, qui avait connu un essor remarquable autour de la revendication du droit de vote au début du siècle. Mais il puise également à une tradition de radicalisme politique et au mouvement culturel de remise en cause des années 60, principalement en ce qui concerne l'antiautoritarisme.

Ce qui est le plus facile à cerner, c'est l'apport du mouvement pour l'égalité des droits, puisque cela constitue encore une composante non négligeable de la pensée féministe. En fait, un des moteurs du féminisme contemporain, c'est que l'égalité formelle ne suffit pas. Assez paradoxalement, les féministes du début des années 70 considéraient le mouvement du début du siècle comme totalement réformiste. Cette évaluation est tributaire du regard que porte Simone de Beauvoir sur le féminisme, celle-ci n'en retenant essentiellement que la dimension égalitaire[10]. Ce faisant, la tradition radicale présente dans le féminisme du début du siècle n'a été découverte que tardivement.

Grosso modo, l'attitude dominante c'est que l'égalité formelle ne suffit pas et qu'il faut créer les conditions pour que cette égalité formelle se transforme en égalité réelle. Cela se comprend aisément puisque les féministes de la fin des années 60 appartiennent pour la plupart à la première génération de femmes qui font l'expérience pratique des limites de l'égalité formelle. L'amertume est accentuée du fait que les femmes sont exclues du processus de promotion sociale qui a accompagné la révolution tranquille. Certes, elles peuvent exercer un métier indépendant, avoir accès à la même éducation que les garçons, être élues à des charges publiques, cependant elles doivent concilier cela avec le rôle d'épouse et de mère, ce qui rend la chose pour le moins problématique. Par ailleurs, certains secteurs traditionnellement féminins qui ont été touchés par le vent de «modernisation» de la révolution tranquille, comme l'éducation des filles ou les services de santé, ont connu une revalorisation/professionnalisation qui s'est souvent faite au détriment des femmes. La disparition des écoles de filles a aussi entraîné la disparition de bon nombre de directrices d'école et le cantonnement des enseignantes au niveau du préscolaire et de l'élémentaire, alors que les secteurs plus valorisés de l'enseignement, le secondaire et le collégial, se masculinisaient. Il serait d'ailleurs intéressant d'analyser comment on a traité de façon différente les communautés religieuses masculines et féminines à cet égard.

Puisque l'égalité des droits (l'égalité sur papier) ne suffisait pas, l'orientation dominante au moment de la résurgence du féminisme, c'est de faire en sorte que cette égalité puisse se traduire dans la pratique via la lutte pour une société globalement égalitaire. C'est dans ce sens que le sort des femmes a été lié au mouvement d'émancipation ouvrière et que plusieurs ont cru que seul le socialisme fournissait les conditions nécessaires à l'émancipation des femmes. Mais le socialisme dont il s'agissait était fortement teinté de tiers-mondisme et puisait moins ses références chez Marx, Engels (à l'exception de *L'Origine de la famille, de la propriété privée et de l'État*) ou Lénine que dans les combats de l'Algérie, de Cuba et surtout du Vietnam. Tout allait de pair: indépendance, socialisme et libération des femmes.

C'est par ce biais tiers-mondiste qu'allait se faire la jonction avec le mouvement radical des années 60, véritable enfant des combats vietnamiens. À ce mouvement, le féminisme allait surtout emprunter ses méthodes d'action et sa réflexion sur la famille. Il n'est pas sans signification que la première action publique du nouveau féminisme ait été la manifestation contre le règlement anti-manifestations du maire Drapeau, promulgué peu après les grandes manifestations du bill 63 et surtout les violentes manifestations en faveur de la libération de Vallières et Gagnon. Outre le rattachement à la composante radicale du mouvement nationaliste, la prédilection du Front de libération des femmes (FLF) pour les actions-choc est directement héritée du radicalisme étudiant et n'est pas du tout exempte de l'avant-gardisme qui caractérise ce mouvement.

Un autre emprunt décisif à ce mouvement sera la revendication de la liberté sexuelle. À partir d'une critique de l'autoritarisme inhérent à la famille, le mouvement radical étudiant et le mouvement contre-culturel ont avancé l'idée que la libération sexuelle était nécessaire à toute lutte véritable contre l'autoritarisme social. La famille était alors vue comme la matérialisation institutionnelle de base de l'autoritarisme et les thèses de Reich furent remises au goût du jour. C'est souvent au nom de la lutte contre la morale bourgeoise et pour la libération sexuelle que se sont menées les premières batailles pour la contraception et l'avortement. Il s'agissait pour les femmes de pouvoir faire comme les hommes et de disposer des moyens de dissocier hétérosexualité et procréation, ce qui permettait en retour d'expérimenter des relations multiples à une époque où le degré de libération sexuelle se mesurait d'abord en termes quantitatifs.

Cette critique de la famille permettra aussi aux femmes d'élaborer une réflexion autour du travail domestique. Le refus du mariage, ou à tout le moins sa renégociation, constituait à cette époque un refus du travail domestique dans lequel nous avions vu nos mères s'étioler. Le travail salarié ou un revenu sans travail (prestations sociales) sont vus comme des substituts possibles au travail domestique et les communes et les unions libres comme substituts à l'institution familiale[11].

Malgré ces influences multiples ou peut-être à cause d'elles, ce qui est remarquable dans le féminisme contemporain, c'est la tentative de définir un nouveau rapport entre théorie et pratique. Si durant toute une période le marxisme sert de ligne d'horizon et qu'on reprend son mode d'articulation théorie/pratique subsumée par le sujet révolutionnaire, la nécessité d'une démarcation se fait rapidement sentir. On ne peut pas dire que le féminisme possède une conception du monde qu'il ne s'agirait ensuite que de transformer. Au contraire, notre expérience a généralement consisté à rester estomaquées devant l'ampleur des problèmes que nous soulevions. À peine croyions-nous avoir identifié les manifestations les plus criantes de l'oppression que notre travail de dénonciation permettait d'en révéler d'autres facettes. C'est dans ce sens que la pratique, à l'intérieur du féminisme, n'est pas là uniquement pour rectifier quelques détails d'une théorie pré-existante; il s'agit plutôt d'une démarche d'enrichissement mutuel où la pratique fait apparaître de nouvelles nécessités de théorisation et où la réflexion induit de nouvelles pratiques. C'est ce qui explique que les périodes de visibilité plus intense du féminisme soient celles où il existe un mouvement féministe, c'est-à-dire où on assiste à un déploiement concomitant aux niveaux théorique et pratique. Les groupes de conscience constituent une bonne illustration de ce phénomène. Cela fait, entre autres, la richesse du féminisme des années 70 par rapport à la période actuelle.

Le féminisme procède d'une révolte, révolte qui prend des formes différentes pour chacune d'entre nous. La révolte permet d'entrevoir un ou des aspects de l'oppression. Ce qui est intéressant dans les groupes de conscience, c'est qu'ils permettent de constater que l'oppression prend des formes différentes, mais tout aussi réelles, pour les autres femmes. C'est ce qui sauve le féminisme de tout dogmatisme en rapport au quotidien, à l'existence concrète des femmes. C'est ce qui explique aussi que le féminisme fait tache d'huile, comme un liquide qui se répandrait petit à petit sur l'ensemble de la réalité sociale.

Rien n'est exclu *a priori* de la réflexion. Rien n'en fait automatiquement partie non plus, cette absence à peu près totale d'*a priori* permet une mobilité de la pensée et de l'action dont peuvent se vanter très peu de mouvements. La récupération est rendue plus difficile du fait de la multiplicité. Ainsi, l'unité du féminisme n'est pas toujours évidente ni même souhaitable.

Le développement du mouvement des femmes

Depuis quelques années, le Conseil du statut de la femme publie un annuaire des groupes de femmes du Québec, qui permet de constater leur nombre impressionnant en même temps que leur extrême diversité. Les femmes se regroupent partout, que ce soit autour de pratiques professionnelles ou d'intérêts communs pour une question spécifique. Mais si on observe un peu l'évolution du mouvement en regard de ses luttes, on peut aussi mesurer l'influence du féminisme sur les organisations féminines.

Les premiers groupes mis sur pied sont les grandes associations féminines qui connaissent un mouvement de structuration/restructuration à la faveur de la révolution tranquille. Ainsi, la Fédération des femmes du Québec (FFQ) voit le jour en 1966, grâce à l'initiative de quelques femmes qui estimaient que le droit de vote ne constituait pas la seule revendication des femmes. La FFQ profite de la célébration du 25e anniversaire de l'obtention du droit de vote par les femmes pour signaler que l'égalité est loin d'être une réalité. Elle adopte assez rapidement une structure de groupe de pression et participe activement aux travaux de la Commission Bird en 1968[12].

À peu près à la même époque, les organisations féminines catholiques connaissent une restructuration liée entre autres à la modification du rôle de l'Église dans la société québécoise. L'Association féminine d'éducation et d'action sociale (AFÉAS) naît de la fusion, en 1966, de l'Union catholique des femmes rurales et des cercles d'économie domestique. À ses débuts, cette organisation est très conservatrice et s'appuie sur les rôles traditionnellement dévolus aux femmes pour fonder son intervention publique. Mais au cours des années 70, l'AFÉAS se «radicalisera» du fait de la détérioration des conditions de vie de ses membres. En effet les «reines du foyer» sont très ébranlées par l'augmentation des séparations et des divorces et plusieurs d'entre elles qui travaillent, souvent sans contrepartie salariale, dans l'entreprise familiale (ferme, petit commerce, petite industrie) n'acceptent pas d'être complètement dépourvues de ressources lors d'une séparation ou d'un divorce. Parties d'une revalorisation des rôles féminins, elles adoptent une attitude de plus en plus égalitariste au cours des années 70.

Ces deux organisations se situent quelque part en continuité avec deux courants importants du féminisme du début du siècle. La FFQ adhère totalement à l'idéologie égalitariste, et ce n'est pas pour rien que l'idée d'un tel regroupement a surgi lors d'une célébration du 25e anniversaire de l'obtention du droit de vote par les femmes, ni que certaines de ses membres fondatrices ont été impliquées dans le mouvement suffragiste. De son côté, l'AFÉAS procède du courant de la différence et du mouvement d'économie domestique qui a balayé l'Amérique du Nord à partir du début du siècle.

C'est en critique par rapport à ces organisations de masse qualifiées de réformistes que vont se créer les premiers groupes féministes militants. Le FLF fait son apparition en 1969, un peu après le Montreal Women's Liberation Movement, en gestation depuis 1968 chez des étudiantes de l'université McGill. L'influence déterminante pour la formation de tels groupes, c'est le féminisme américain qui commence à être connu à l'étranger à la fin des années 60. Mais le FLF, et le Centre des femmes qui en prendra la relève organisationnelle en 1972, est très lié à la gauche de l'époque et situe son action dans le cadre général de la lutte pour l'émancipation sociale de l'ensemble des exploités.

Un autre aspect marquant de ces deux groupes, c'est leur caractère fortement idéologique et leur organisation très centraliste. Ils fonctionnent un peu à la manière d'un parti révolutionnaire des femmes qui doit jouer un rôle d'avant-garde dans la révolution à venir; aussi, la pureté idéologique revêt-elle une grande importance et ces organisations veulent-elles conserver une hégémonie sur le féminisme, pour empêcher qu'il ne s'embourgeoise. Dans ce sens, les principaux interlocuteurs du FLF et du Centre des femmes ne sont pas les organisations féminines de masse mais plutôt les groupes mixtes de la gauche et les syndicats. Par ailleurs, peu de luttes à long terme sont entreprises (à l'exception de l'avortement), le FLF et le Centre des femmes préférant des actions ponctuelles en fonction de l'évolution de la conjoncture politico-sociale.

Le divorce allait cependant s'opérer entre la gauche et le féminisme. Après quelques tentatives peu fructueuses de conciliation entre marxisme et féminisme et surtout après quelques sommations de la gauche de choisir entre féminisme et «marxisme-léninisme», la coexistence sera très difficile. D'autant plus qu'à partir du milieu des années 70 commence à se développer un courant féministe radical au Québec, qui ne fait plus de la question des femmes un appendice au projet socialiste. Cela allait favoriser l'éclatement du Centre des femmes et permettre l'émergence d'une multiplicité de collectifs. Mais s'il ne s'agit plus désormais, pour les militantes, de se percevoir comme luttant sur un front spécifique, à l'intérieur d'une problématique générale du socialisme développée par les groupes de gauche, on ne peut pas dire toutefois que se formulera d'emblée un autre projet de société dans une optique féministe. Le FLF et le Centre des femmes se considéraient comme investis d'une mission politique, alors que les collectifs se situent fondamentalement dans un contexte d'efficacité immédiate, tant vis-à-vis de l'ensemble des femmes que de la communauté féministe. On ne peut manquer d'y voir certaines influences des féministes américaines, dont certaines, au début des années 70, ont commencé à abandonner l'idée de la grande organisation nationale, pour bâtir des micro-sociétés de femmes ou des solutions de rechange concrètes au machisme ambiant.

Au Québec, cette multiplication des collectifs a été soutenue en partie par la manne étatique. Dans un premier temps, l'État fédéral, avec les projets Perspectives-jeunesse, Initiatives locales et Canada au travail, a permis de trouver l'argent nécessaire au fonctionnement plus ou moins adéquat des services, transformant de ce fait les collectifs de groupes d'intervention en groupes de permanentes salariées. Dans un second temps, avec l'arrivée au pouvoir du Parti québécois et la publication du rapport du CSF, l'État provincial a également joué un rôle dans le financement de certains de ces services, principalement ceux qui s'inséraient dans sa problématique de mise en place d'une série de tutelles étatiques à l'ensemble de la vie sociale.

La conversion de bon nombre de collectifs féministes en groupes de services n'est pas sans poser problème et ce, à deux niveaux essentiellement: d'abord, le rapport qui s'instaure entre «usagères» et «dispensatrices» de services, ensuite, la transformation de l'implication militante en «job». Sans prendre position au niveau du principe, il faut constater que cela a grandement influé sur l'image du féminisme et du mouvement des femmes.

Les groupes de services ont été mis sur pied pour pouvoir rejoindre les femmes à partir de leur vécu et les amener ainsi au féminisme. Force est de constater que le résultat a été quelque peu différent. Dans son bilan, le Centre d'aide aux victimes de viol de Montréal insiste sur la relation de dépendance qui tend à s'instaurer entre les «usagères» des services et les militantes féministes qui les dispensent, puisque très souvent les femmes qui utilisent ces services se trouvent dans un état de détresse générant un besoin de prise en charge par les autres. Les services n'induisent donc pas automatiquement un mouvement ou une prise de conscience. Du point de vue des «usagères», quelle différence y a-t-il entre les services gouvernementaux et les services féministes? Bien sûr, ces derniers sont souvent plus agréables et moins dépersonnalisants, mais ne contribuent-ils pas à maintenir les femmes dans un état de dépendance et de prise en charge par les autres? N'y a-t-il pas un processus de substitution du féminisme-providence (est-ce là du maternage social?) à l'État-providence[13]?

De plus, les groupes de services tendent à professionnaliser les militantes et à les transformer en salariées. Quoi de plus normal, dans ces circonstances, que de vouloir s'assurer du maintien de sa «job», indépendamment de la congruence entre les objectifs de départ et les pratiques effectives. La logique subventionnaire a souvent pour effet d'imposer des modalités de travail et d'action qui tendent de plus en plus à transformer la pratique de ces groupes en services para-étatiques qui coûtent beaucoup moins cher à l'État, parce qu'ils peuvent bénéficier du «dévouement» militant et reposer partiellement sur le bénévolat.

Cette multiplication des collectifs est aussi due à une reprise de contact avec les féministes anglophones, qui depuis le début des années 70 s'étaient impliquées dans des projets de services et qui ont été, au Québec, les premières à subir l'influence du féminisme radical américain. Cette reprise de contact s'effectuera par le double biais des groupes de services et de la reprise de la lutte pour l'avortement. Souvent cela passe par des femmes francophones travaillant dans des collectifs à dominante anglophone.

Il est impossible de répertorier l'ensemble des collectifs féministes qui se sont formés dans la seconde moitié des années 70 et qui sont pour la plupart disparus avec les années 80 ou se sont profondément transformés. On peut cependant retracer leur champ d'intervention: services ou groupes d'action contre la violence faite aux femmes, santé, maisons de femmes, production et diffusion culturelle.

Les années 80 vont voir persister ce morcellement organisationnel du mouvement dans un contexte où le féminisme ne jouera pas le rôle de référent central qui avait été le sien dans la décennie précédente. D'une part, on assiste à une césure entre lesbianisme et mouvement des femmes, du fait que plusieurs féministes radicales se réorientent vers le lesbianisme politique et abandonnent tant le mouvement des femmes (quittent les collectifs) que le féminisme, qui n'apparaît plus comme le lieu privilégié de développement d'une réflexion et d'une pratique lesbiennes, même si on reconnaît qu'il les a stimulées. D'autre part, le mouvement des «Yvette» en amène certaines à modifier leur discours pour ne pas se couper de la masse des femmes. Par ailleurs, les divers gouvernements, à la faveur de la crise économique, effectuent des coupures budgétaires qui ont pour effet de couper les vivres à la plupart des collectifs. Enfin plusieurs militantes sont tout simplement fatiguées et sentent le besoin d'aller voir ailleurs.

Les luttes des femmes

Si les groupes de femmes sont multiples, tant au niveau de leur orientation que de leur champ d'intervention, les thématiques d'apparition publique du mouvement sont beaucoup moins diversifiées. De même, l'impact social concret du féminisme a été très fort, mais ne semble pas, à première vue, se situer en rapport direct avec l'action et la pensée des collectifs féministes. La vie des femmes s'est profondément modifiée au cours des vingt dernières années sans qu'on assiste au développement d'un mouvement féministe numériquement important, même s'il a joué un rôle d'élite intellectuelle modernisatrice en mettant de l'avant des thèmes comme l'avortement, la contraception, la violence faite aux femmes, les inégalités de rémunération, etc. Ce qui est encore plus fascinant, c'est de voir avec quelle rapidité le discours féministe a été absorbé, soit par l'État, devenant, avant même d'avoir pu être formulé adéquatement, le discours d'une partie de l'appareil d'État, soit par le mouvement syndical, qui le rendait compatible avec ses pratiques revendicatives.

Pour poursuivre ce bref aperçu historique, il me semble important de reconstituer les diverses étapes de la lutte pour le droit à l'avortement, car cette thématique parcourt l'histoire de la mouvance féministe au Québec, en marquant les temps forts, comme les temps morts. De plus, la question de l'avortement, à partir du moment où se forme la Coordination nationale pour l'avortement libre et gratuit, constitue un des pôles de regroupement/recomposition du mouvement des femmes au Québec. Finalement, la question de l'avortement est la seule qui ait permis à la mouvance féministe de s'imposer sur la scène socio-politique et de contribuer à une radicalisation massive des femmes.

La lutte pour le droit à l'avortement ne s'est pas imposée d'emblée comme un thème central de mobilisation au sein de la composante féministe du mouvement des femmes, et ce n'est qu'en 1977 que la question de l'avortement a commencé à susciter une mobilisation massive.

Durant toute une période, le seul type d'intervention qui existe sur la question de l'avortement est le service de référence du FLF puis du Centre des femmes. Mais en 1972, l'État provincial prend l'initiative d'une véritable guérilla judiciaire en procédant à l'arrestation d'un médecin montréalais, le Dr Morgentaler, accusé d'avoir pratiqué illégalement des avortements. Au

Québec, des médecins en faveur du droit à l'avortement, des membres des associations de planning familial, de l'Association canadienne pour l'abrogation des lois sur l'avortement (ACALA), des militantes trotskystes, des féministes anglophones et le Comité Laure-Gaudreault de la Centrale de l'enseignement du Québec (CEQ) mettent sur pied le Comité de défense de Morgentaler et entreprennent une politique de lobbying auprès du gouvernement fédéral, dont relève le Code criminel, de même qu'une publicisation du procès de Morgentaler.

Après y avoir adhéré, le Centre des femmes et quelques autres militantes se dissocient du Comité de défense de Morgentaler pour mettre de l'avant les objectifs propres aux femmes dans cette bataille, en arguant que l'enjeu ne se situe pas au niveau du droit des médecins à pratiquer des avortements mais plutôt du droit des femmes d'obtenir librement un avortement dans de bonnes conditions.

Ces femmes publieront à l'automne 1974 le manifeste «Nous aurons les enfants que nous voulons», qui contribuera à fixer les axes essentiels autour desquels se mènera la lutte pour le droit à l'avortement. Le manifeste fait ressortir à quel point la lutte dépasse le cadre d'une loi et remet en cause le contrôle qu'entend exercer l'État sur le corps des femmes, ainsi que la double exploitation que celles-ci subissent à la maison et au travail au nom de leur fonction maternelle. Pourtant, à l'époque, la lutte est loin de mobiliser largement.

Lors de l'accession au pouvoir du Parti québécois, plusieurs militantes féministes ont mis beaucoup d'espoirs en celui-ci, espérant qu'il allait régler, au moins partiellement, la question de l'avortement. Ces espoirs ont été entretenus par deux gestes: l'abandon des poursuites contre le Dr Morgentaler et la nomination de Lise Payette, connue pour ses positions en faveur du droit à l'avortement, comme ministre responsable de la condition féminine. Pourtant les espoirs ont dû s'évanouir assez rapidement sous le poids des faits: peu d'avortements se pratiquaient au Québec.

L'élément le plus important d'une mobilisation réelle autour de cette question reste la mise en place, en 1978, d'une Coordination nationale qui a permis au mouvement des femmes de se consolider durablement à l'extérieur de Montréal. Dans ce sens, la semaine nationale d'action du 15 avril 1978 et la manifestation nationale du 31 mars 1979 à Montréal démontrent les renforcements importants du mouvement féministe à l'échelle nationale. D'autre part, la Coordination constitue également un point de rencontre, si limité soit-il, entre la mouvance féministe, les groupes populaires et les travailleuses syndiquées, ce qui fournit une possibilité d'élargissement des bases d'intervention sociale du féminisme.

Même si le mouvement n'a pu obtenir complète satisfaction, l'avortement a commencé à être «largement» toléré au Québec à partir des années 80. Le gouvernement provincial a imposé des cliniques de planning dans les diverses régions du Québec, cliniques devant offrir des services d'avortement. Les médecins qui pratiquent des avortements dans les Centres locaux de services communautaires (CLSC) ou les cliniques privées sont remboursés par l'assurance-maladie. Enfin, les centres de santé des femmes offrent ouvertement des services d'avortement. Cela a bien sûr contribué à la démobilisation, d'autant plus que le féminisme avait eu tendance à se limiter à la bataille pour le droit à l'avortement.

Notes

1. Michèle Jean, *Québécoises du 20e siècle,* Montréal, Quinze, 1977, p. 32 à 36.
2. Lysiane Gagnon, *Vivre avec les hommes,* Montréal, Québec-Amérique, 1983, p. 222 à 227.
3. Armande St-Jean, *Pour en finir avec le patriarcat,* Montréal, Primeur, 1983.
4. Diane Lamoureux, «La politique au quotidien» dans *Conjoncture politique au Québec,* n° 1 (hiver 1981).
5. Voir plus haut l'exemple sur la question de l'avortement.
6. Il s'agit du Mouvement socialiste qui, essayant de récupérer du même coup tous les mouvements sociaux des années 70, a intitulé son manifeste «Pour un Québec socialiste, indépendant, démocratique et pour l'égalité entre les hommes et les femmes».
7. Colette Guillaumin, «Question de différence» dans *Questions féministes,* Paris, Tierce, n° 6, 1979.
8. Voir à ce sujet Barbara Ehrenreich et Deirdre English, *Des experts et des femmes,* Montréal, les Éditions du remue-ménage, 1982.
9. Françoise Collin, «Pour une politique féministe, fragments d'horizon» dans *Les Cahiers du Grif,* n° 6, 1975.
10. Il ne faut pas perdre de vue que *Le Deuxième Sexe* est un des rares livres disponibles en français au début des années 70. Ce n'est que vers le milieu des années 70 que certains classiques du féminisme américain contemporain commenceront à être diffusés en français au Québec. Cela a largement contribué à donner au livre de Simone de Beauvoir son statut de «bible».
11. En ce qui concerne le climat dans lequel s'est développé le féminisme à la fin des années 60, voir Véronique O'Leary et Louise Toupin,

Québécoises deboutte! t. 1, Montréal, les Éditions du remue-ménage, 1982.

12. Commission royale d'enquête mise sur pied par le gouvernement fédéral, devant trouver des mécanismes propres à assurer l'égalité des femmes au sein de la société canadienne.

13. Voir à cet égard l'article de Marie-Blanche Tahon, «Dompter le sauvage» dans *Conjonctures et politique,* n° 6, qui parle de «thérapisation» des femmes.

CHAPITRE II

QUELLE ÉGALITÉ?

Le féminisme égalitaire se situe assez généralement en continuité avec les luttes féministes du début du siècle. Ce n'est pas un hasard si ce courant se réfère aux progrès accomplis par les femmes dans la reconnaissance de leur citoyenneté politique depuis le milieu du XIXe siècle et dresse un parallèle entre l'évolution du libéralisme et l'émancipation des femmes. Dans cette perspective, le mouvement féministe du début du siècle est principalement assimilé au mouvement pour le droit de vote et à la conquête pour les femmes d'une citoyenneté politique. On pourrait même dire que le mouvement contemporain aura quelques chances de passer à la postérité comme un mouvement pour la libéralisation de l'avortement.

Ce qui est fascinant dans le discours contemporain, qu'il émane de féministes égalitaires ou de féministes radicales, c'est l'insistance qui est mise sur la conquête de nouveaux «droits» par les femmes de même que la volonté de faire en sorte que ceux-ci ne restent pas des vœux pieux mais se traduisent par des transformations importantes dans les pratiques quotidiennes. Dans ce cadre, le mouvement des femmes a aussi pu bénéficier du développement d'un mouvement parallèle d'affirmation de droits collectifs, le nationalisme, qui a fait de la promotion des francophones québécois un de ses principaux objectifs, même si le débat public a eu tendance à se centrer autour de la question de l'indépendance.

De fait, le mouvement des femmes des années 70 peut apparaître assez rapidement comme un mouvement de transformation des femmes en «individus libres», au sens où le libéralisme du siècle dernier définissait cette notion. Cela semble assez normal en ce qui concerne les groupes féminins traditionnels mais apparaît également dans la plupart des collectifs de la frange radicale du mouvement. Ainsi, dans leur réflexion *a posteriori* sur le FLF et le Centre des femmes, Véronique O'Leary et Louise Toupin[1] insistent énormément sur l'insatisfaction qui se fonde sur le décalage entre les aspirations et les réalités ou entre l'égalité sur papier et l'égalité de fait.

La différence majeure qui apparaîtra entre les groupes traditionnels et les secteurs plus militants, tant que ceux-ci resteront fortement influencés par le marxisme, c'est-à-dire jusqu'au milieu des années 70, ne porte pas tant sur des objectifs de lutte que sur des rythmes et des moyens d'action. Une autre distinction — et elle est de taille — c'est que la composante militante ne se situe pas uniquement à l'intérieur d'une problématique égalitaire mais vise aussi à changer la vie.

Les progrès de l'égalité

Je vais essayer dans cette partie de voir comment, tant au niveau institutionnel ou juridique qu'au niveau des pratiques sociales, s'est matérialisée la notion d'égalité. Les aspects les plus importants qu'il me semble devoir examiner concernent la famille, la sexualité, l'emploi et l'éducation, qui sont les domaines privilégiés de formulation de revendications égalitaires. Assez souvent, je remonterai à la révolution tranquille pour expliquer les progrès de l'égalité, puisque cette période constitue un renouveau de la pensée libérale au Québec qui a fortement marqué l'ensemble des débats politiques et sociaux depuis lors.

En ce qui concerne la famille, il faudra attendre le bill 16 en 1964 pour que se modifient certains aspects du Code civil de 1866, dont l'optique concernant les femmes était la suivante: soumission totale au mari. On reconnaît là les origines de ce code, directement inspiré du Code Napoléon de 1804. Cette législation était fondée sur la double puissance maritale et paternelle, ce qui n'était pas sans conséquence sur la vie des femmes mariées qui, jusqu'en 1964, ont le même statut légal que les fous et les enfants.

En fait, le bill 16 a modifié les droits civils des femmes mariées, n'abordant que très sommairement les rapports entre les époux. Il inaugure timidement l'ère de la direction collégiale de la famille. De plus, la puissance maritale est atténuée puisque les femmes peuvent désormais suppléer à leur mari dans les affaires familiales. Fait plus important, une femme ne perd plus nécessairement toute capacité juridique en se mariant, même si plusieurs régimes matrimoniaux la limitent sérieusement. D'autre part, la puissance paternelle est perpétuée et les femmes ne peuvent être considérées comme chef de famille qu'en cas d'incapacité — ou d'inexistence — du mari. L'ampleur des réformes découlant du bill 16 allait quand même être limitée puisque le régime matrimonial qui prévalait au Québec continuait d'être la communauté de biens et que cette communauté avait besoin d'un chef tout «naturel», le mari.

Ces lacunes allaient être comblées, en partie, avec l'adoption du bill 10 en 1969; ce bill vise essentiellement à changer le régime matrimonial légal pour compléter la réforme de 1964. Le bill 10 survient dans le sillage des travaux de l'office de révision du Code civil, qui recommande au gouvernement de rejeter tant le régime de communauté de biens que le régime de séparation de biens, puisque souvent encore les femmes mariées n'exercent pas de travail rémunéré, pour leur préférer la société d'acquêts[2], sorte de compromis entre les deux systèmes, qui reconnaît en partie le travail domestique comme étant un apport économique des femmes à la richesse de la famille.

Ce n'est qu'avec le projet de loi 89 en 1980 que le Code civil québécois rompt définitivement avec l'esprit du Code Napoléon et commence à reconnaître les femmes comme des êtres humains à part entière. À un premier niveau, le projet de loi 89 consacre l'égalité entre les époux, ce qui implique que les femmes gardent leur identité (leur nom) en se mariant, que le lieu de résidence familiale est déterminé par les deux conjoints, qu'il doit y avoir un partage des tâches reliées à la direction morale et matérielle de la famille et une contribution partagée aux charges du ménage.

Mais cette égalité entre les conjoints s'accompagne d'inconvénients pour les femmes. Ainsi, les conjoints sont solidaires des dettes du ménage; cependant, les revenus des hommes étant en général plus élevés que ceux des femmes, celles-ci y perdent au change. Par ailleurs, les femmes perdent leurs droits en ce qui concerne les pensions alimentaires pour elles-mêmes, celles-ci devenant des cas exceptionnels dont il faudra démontrer la nécessité, pénalisant ainsi les femmes n'ayant été que ménagères à temps plein au cours de leur mariage.

Le projet de loi 89 abolit également la distinction entre enfants légitimes et enfants naturels, de même qu'il atténue la distance juridique entre l'union légale et l'union de fait. Ainsi, une personne qui vit maritalement avec une autre ne peut être bénéficiaire de l'aide sociale. De plus, des personnes vivant en union de fait pourront signer entre elles des contrats, ce qui peut garantir une meilleure sécurité financière pour les femmes.

Mais ce que les hommes perdent en droit avec le projet de loi 89, c'est surtout l'État qui le gagne, devenant l'arbitre supérieur en cas de conflit à l'intérieur de la direction collégiale de la famille. La famille est donc passée en vingt ans de l'autorité maritale et paternelle à l'autorité des tribunaux. Par ailleurs, les mesures «protectionnistes» qui persistaient à l'égard des femmes ont été abolies sans que soient créées les conditions d'une reconnaissance de leur travail domestique ou d'un accès réel au travail rémunéré.

Au-delà des modifications législatives, il est intéressant de voir quelle attitude les femmes ont développée par rapport à la structure familiale. J'essaierai d'analyser ceci par une étude des mariages et divorces d'une part et d'autre part par un regard sur la taille des familles.

Une première constatation que l'on peut faire assez aisément concerne le caractère fluctuant de la structure familiale. Non que les Québécoises vivent dans une large proportion en dehors des structures de couple avec ou sans enfants, mais les mariages sont moins stables et surtout moins nombreux, comme en témoignent les statistiques sur la nuptialité et les divorces. C'est d'ailleurs ce qui explique la définition assez élastique de la famille proposée dans le livre vert[3] qui a comme effet de ramener dans le giron familial une série de personnes qui croyaient s'en être échappées.

Ces statistiques nous apprennent que l'indice de nuptialité pour les femmes, qui était de 87,8% en 1970, a atteint un sommet de 92,8% en 1972 pour ensuite chuter constamment jusqu'à se situer à 67,5% en 1979[4], ceci dans un contexte où l'âge moyen au premier mariage est demeuré à peu près stable (23 ans). Nous voyons donc que le mariage ne constitue plus la seule option de vie des femmes et qu'un certain nombre d'entre elles échappent à cette institution, en vivant seules, avec d'autres femmes ou en dehors des liens juridiques officiels.

En même temps, on se marie de moins en moins pour la vie, et le tableau bien connu de Francine Harel-Chiasson nous indique que seules 14% des femmes peuvent raisonnablement penser finir leur vie avec le même homme[5]. Le taux de divorce croît rapidement. Ceci peut être autant attribuable à des modifications législatives (puisque jusqu'en 1969, le seul moyen d'obtenir un divorce était un bill privé du parlement fédéral, le Québec ne disposant d'aucune législation dans le domaine) qu'à un changement des mentalités en ce qui concerne l'indissolubilité du mariage, changement qui a accompagné le déclin des pratiques religieuses au Québec. Autre élément significatif, ce sont fondamentalement les femmes qui veulent divorcer.

Ceci a pour conséquence une augmentation beaucoup plus rapide des familles monoparentales que des familles biparentales. Les cris alarmistes du récent livre vert sur la famille concernant le déclin de la famille traditionnelle sont révélateurs à cet égard. Mais la monoparentalité est d'abord et avant tout une affaire de femmes (90%) et donc de pauvreté.

Pour ce qui est de la taille des familles, les démographes s'alarment et les nationalistes prônent toute une série de mesures natalistes puisque les femmes refusent concrètement de faire beaucoup d'enfants. Mais en même temps, de plus en plus de femmes sont mères. C'est donc là une réalité complexe et assez contradictoire. Ceci m'amène donc à conclure que les femmes échappent encore difficilement à l'univers familial, même si les familles revêtent de moins en moins la forme du «papa pourvoyeur, de la maman ménagère à temps plein et des enfants de mêmes parents».

On doit également tenir compte des modifications importantes qui se sont déroulées dans le domaine de la vie sexuelle. La grande «révolution» sexuelle de la fin des années 60 allait en effet faire accéder les femmes à une certaine égalité avec les hommes en matière de sexualité, en ce sens qu'elles ont pu elles aussi dissocier hétérosexualité et procréation. Cette dissociation s'explique, entre autres, par les progrès enregistrés en ce qui concerne l'avortement et la contraception.

Jusqu'en 1969, l'avortement était illégal au Canada. Au nombre des réformes législatives proposées dans le bill «omnibus» et adoptées par le Parlement fédéral en 1968, on permettait l'avortement dans certaines conditions ou, plus précisément, on ne l'interdisait plus dans certaines conditions. En fait, l'avortement ne devenait légal au Canada que lorsque la vie et/ou la santé de la mère et/ou de l'enfant étaient menacées. Si on compare cette législation avec celle votée à la même époque par l'État de New York, on ne peut pas dire que le Parlement canadien faisait preuve d'une très grande audace, d'autant plus que la Commission Bird proposait de décriminaliser l'avortement.

De plus, la loi présente plusieurs aspects limitatifs quant à son champ d'application. Ainsi, un avortement n'est légal que s'il réunit les conditions suivantes: il doit être pratiqué par un médecin qualifié, avoir été approuvé au préalable par un comité d'avortement thérapeutique et avoir lieu dans un hôpital dûment accrédité ou approuvé.

Deux autres restrictions méritent d'être soulignées. Premièrement, le ministre de la Santé d'une province peut forcer un comité d'avortement thérapeutique à fournir toutes les raisons qui ont motivé l'émission d'un certificat permettant le recours à l'avortement dans un cas précis et peut éventuellement casser une telle décision. Deuxièmement, le même phénomène s'applique en ce qui concerne le médecin. Ainsi, ni les hôpitaux ni les médecins qui pratiquent des avortements ne sont entièrement protégés par la loi.

Quant à la contraception, elle n'a jamais été interdite comme telle, cependant, jusqu'au bill «omnibus», toute publicisation d'une méthode contraceptive était assimilée à de la pornographie et, par conséquent, était passible de sanction pénale. Par ailleurs, la pilule anovulante n'a été introduite sur le marché canadien que dans la seconde moitié des années 60 et reste toujours sujette à une ordonnance médicale. Avant les années 70, les médecins qui osaient la prescrire n'étaient pas légion.

Il est significatif que toutes les politiques en ce qui concerne la contraception aient jusqu'à présent privilégié la contraception dure (pilule, stérilet, ligature des trompes). Cette contraception a le double mérite aux yeux d'une société patriarcale d'être fortement médicalisée et, par le fait même, facilement contrôlable. Il est par ailleurs assez effarant que les études démographiques considèrent comme méthode contraceptive l'hystérectomie, que j'aurais spontanément tendance à considérer comme mutilation sexuelle.

Il est aussi significatif qu'au cours des années 70 les voix qui se sont élevées contre la contraception dure aient été extrêmement minoritaires dans le mouvement des femmes et que cette opposition ait été souvent repoussée du revers de la main. Ce n'est que dans les années 80, dans le sillage des mouvements d'auto-santé, que le débat autour de la contraception lié à un débat autour de l'adéquation hétérosexualité-pénétration a pu commencer à se développer mais, là encore, très timidement.

Le domaine privilégié d'essor du discours égalitaire dans les années 70 reste l'emploi. Il faut souligner d'abord une importante hausse du nombre de femmes sur le marché du travail. Alors qu'en 1959 les femmes «actives», au sens statistique du terme, représentaient 24,5% de la population féminine de 15 ans et plus, cette proportion passait à 45,9% en 1982, ce qui constitue une augmentation extrêmement importante, surtout si on prend en considération la prolongation du temps de fréquentation scolaire durant la même période.

Deux phénomènes méritent d'être soulignés. Cette augmentation est due en grande partie au fait que les femmes quittent de moins en moins le marché du travail lorsqu'elles se marient. Ainsi, les femmes mariées constituaient plus de la moitié de la main-d'œuvre salariée féminine en 1976, alors qu'elle n'en constituaient même pas le cinquième en 1951 et moins du tiers en 1961.

De plus, il faut noter que cette augmentation de la population féminine salariée est également due à l'augmentation des emplois à temps partiel. Dans un texte produit par la CSN en 1978[6], on constatait que 71,9% de la main-d'œuvre à temps partiel était féminine et des données officielles de 1982 permettent d'en arriver à peu près à la même conclusion[7]. Il est d'ailleurs à souligner que la généralisation relative du travail à temps partiel mise de l'avant dans le contexte de la récession économique vise à permettre aux mères de famille de demeurer sur le marché du travail, tout en fournissant la possibilité aux gouvernements de rogner sur les services sociaux qui rendent possible pour ces femmes de conserver un emploi à l'extérieur du foyer.

Cette forte proportion des femmes qui ne travaillent qu'à temps partiel peut, certes, s'expliquer par le taux de chômage plus élevé chez les femmes que chez les hommes, ce qui contraint plus les femmes à accepter un travail à temps partiel. Mais la cause essentielle, réside à mon avis, dans la double fonction que doivent assumer l'ensemble des travailleuses salariées, à savoir, le travail domestique et le travail rémunéré. En l'absence d'équipements sociaux adéquats, plusieurs femmes ne peuvent assumer les exigences du double emploi à temps plein auxquelles elles sont contraintes, même si souvent le temps partiel, au niveau de la rationalité économique et temporelle, ne permet pas plus que le temps plein la conciliation des deux rôles.

Si on examine maintenant où se situent les femmes salariées, on ne peut que constater l'existence d'un double marché du travail. Il ressort en effet des diverses données que toutes les activités où on retrouve principalement les femmes se rangent dans des catégories où, à l'exception des emplois d'enseignantes et d'infirmières, on demande très peu de qualifications préalables et qui comportent peu ou pas de responsabilités. Et il semble tout à fait plausible d'affirmer que la dévalorisation de ces activités est en grande partie liée au fait que ce sont les femmes qui occupent majoritairement ces postes.

Cette dévalorisation de la main-d'œuvre féminine se fait également sentir lorsqu'on compare la rémunération versée aux hommes et aux femmes pour un même travail ou encore un travail dans le même domaine. Il est intéressant de constater que la disparité salariale entre hommes et femmes tend, malgré les discours égalitaires, à augmenter plutôt qu'à diminuer et que les salaires féminins augmentent beaucoup moins rapidement que les salaires masculins. On assiste donc à un processus de paupérisation des femmes sur le marché du travail.

Cette position des femmes sur le marché du travail est également attribuable à l'éducation. Depuis la révolution tranquille, l'éducation est officiellement «unisexe» au Québec, quoique les orientations scolaires des filles consolident les ghettos d'emplois féminins.

«Moderniser» les femmes

On ne peut faire abstraction du contexte d'ensemble dans lequel se sont déroulés les «progrès» de l'égalité. Ces mesures concernant les femmes se sont inscrites dans un processus général de «modernisation» de l'ensemble de la société québécoise, où les femmes ne sont considérées que comme un secteur particulièrement «rétrograde». Mais il ne faut pas perdre de vue que l'ensemble de ce processus se déroule dans un contexte où on voit dans l'État, non dans les groupes sociaux concernés, l'agent essentiel de la «modernisation». Depuis la révolution tranquille jusqu'au référendum, la culture politique dominante a eu tendance à voir dans l'État québécois l'agent principal des transformations socio-politiques. Cette prééminence de l'étatisme a dominé l'ensemble des projets politiques au cours des vingt dernières années, qu'il s'agisse de projets véhiculés par les classes dominantes ou par les classes dominées de la société. Le nationalisme du RIN et du Parti québécois misait sur un renforcement de l'État provincial comme principal élément de structuration de la société nationale, tandis que les projets de transformation socialistes, des manifestes politiques des centrales syndicales au début des années 70 au plus récent manifeste «Pour un Québec indépendant, socialiste, démocratique et pour l'égalité des hommes et des femmes», attribuent aussi un rôle capital à l'État dans l'articulation des projets de changement de société.

Le Québec allait connaître, à partir de ce moment, une transformation importante dans et par l'État qui affectera l'ensemble des forces sociales. Il n'y a pas lieu ici de faire une analyse détaillée de la révolution tranquille, mais il demeure cependant utile d'en esquisser rapidement les contours. À une société axée sur la survivance et le culte de sa spécificité, régie par un gouvernement ruraliste et traditionnaliste, succède une volonté politique de transformation et d'ouverture à la réalité nord-américaine qui fait de l'État l'élément essentiel de toute transformation d'ordre économique et social. La révolution tranquille se traduit fondamentalement par un réaménagement en profondeur des structures étatiques (création de nouveaux ministères, professionnalisation de la fonction publique, tentative de création de nouvelles structures de pouvoir, régionalisation, énoncé de planification) de même que par une prise en charge par l'État de fonctions anciennement assurées par l'Église (éducation, santé). En même temps, on assiste à une rupture partielle avec le traditionnalisme et le catholicisme au niveau idéologique, ce qui allait entraîner une modernisation également au niveau des idées, de même qu'une certaine sécularisation.

Ceci n'a pas été sans effet concernant les femmes. Cette prise en charge par l'État a permis que les revendications soient d'emblée adressées à l'État; cela explique en grande partie leur aspect juridiste de même que la place qu'a pu occuper le Conseil du statut de la femme (organisme paragouvernemental) par rapport aux femmes. Lorsque j'ai parlé des changements dans la vie des femmes, j'ai insisté sur les changements d'ordre législatif et institutionnel parce que c'est là qu'un grand nombre de groupes ont fait porter leurs efforts, non seulement dans l'optique où il est nécessaire de codifier légalement des changements sociaux, mais également dans le sens où l'État doit donner l'exemple et être à l'avant-scène du changement des pratiques sociales.

Par ailleurs, du fait que le CSF avait comme mandat de traduire en termes compatibles avec la logique étatique les revendications des femmes, il a occupé une place sans commune mesure avec son effet réel dans le mouvement des femmes, surtout dans la période qui va de 1976 à 1980, où il y a, d'une part, une ministre d'État à la condition féminine très sensible au discours égalitariste du mouvement (Lise Payette) et, d'autre part, une présidente du Conseil qui se perçoit comme interprète privilégiée des revendications des groupes de femmes (Claire Bonenfant). À cette époque, le CSF est souvent apparu plus comme composante du mouvement que comme médiation entre le mouvement et l'État, d'autant plus qu'il était le seul organisme à avoir systématisé et globalisé la perspective égalitaire dans son document *Pour les Québécoises: égalité et indépendance*.

C'est ce qui explique que le mouvement des femmes au Québec à la fin des années 70 apparaisse comme très fortement institutionnalisé. Et il l'est en partie puisque plusieurs groupes s'en remettent effectivement au CSF pour faire avancer institutionnellement le dossier des femmes, alors que d'autres n'arrivent pas à se dégager de la vision étatique de la modernisation telle que développée depuis la révolution tranquille.

De l'homo œconomicus à la mulier œconomica?

Il n'est pas surprenant finalement que, dans une société dominée par la logique économique, l'égalité pour les femmes prenne la forme de leur transformation à la fois théorique et pratique en êtres économiques. Transformation au niveau théorique, où l'on essaie de considérer la production domestique à l'aune du travail marchand. Transformation au niveau pratique, où on assiste à une présence de plus en plus importante des femmes mariées sur le marché du travail. Ce qui est particulier au Québec cependant, c'est que cette transformation s'est accompagnée presque exclusivement d'un discours de «gauche».

De fait, les agents principaux de la transformation des femmes en individus économiques sont d'une part la gauche intellectuelle marxiste et les petits groupes qui se forment dans les années 70, d'autre part, les syndicats qui abondent dans le sens de la libération par le travail et qui essaient de prendre en charge —sinon en tutelle— l'ensemble de la problématique d'émancipation par le travail, comme si le travail c'était la santé.

Il est de plus en plus commun actuellement de critiquer le marxisme; ça en devient même presque gênant. Toutefois, je pense qu'on ne peut en faire abstraction dans une critique des perspectives égalitaires en ce qui concerne les femmes, puisque cela demeure une des perspectives les plus crédibles et en même temps des plus fourvoyantes, du fait que le marxisme propose une vision sociale différente mais sans sortir du cadre — on pourrait même dire en amplifiant ce cadre — de la société du travail, telle qu'elle s'est façonnée avec l'émergence du capitalisme et consolidée/rationalisée dans les sociétés dites socialistes.

Ce que le marxisme propose aux femmes a tendance à se réduire à l'accès au travail «social». Loin d'interroger les fondements de l'exclusion des femmes du travail défini comme social, il ne peut que revendiquer abstraitement qu'elles suivent le mouvement général et s'y joignent, la généralité ne pouvant être que masculine. C'est dans ce sens que le marxisme contribue à amplifier la logique de réduction des individus à leur dimension d'êtres laborieux.

Dans le même temps, ces propositions s'avèrent fortement assimilationnistes dans le sens où le seul choix laissé aux femmes, c'est d'imiter les hommes, en faisant abstraction des handicaps de départ qu'elles pourraient avoir dans la course à l'emploi et à la productivité. C'est aussi absurde que la logique libérale qui voudrait transformer tout le monde en entrepreneur. Pour le marxisme, la sphère publique ayant tendance à se limiter à la sphère du travail et aux relations qui s'y nouent, l'existence comme sujet social passe, non pas par l'extension de la sphère publique à d'autres composantes de la vie sociale, mais par l'entrée dans l'univers laborieux tel que défini par le mode de production dominant.

Mais pour des raisons assez évidentes, ce sont les organisations syndicales qui se feront au cours des années 70 les championnes de la «mulier œconomica». Les organisations syndicales peuvent être créditées d'une image «de gauche» depuis la publication des manifestes radicaux du début des années 70, et leurs positions concernant les femmes ont tendance à être taxées de «progressistes». En outre, durant cette période, les syndicats sont des organisations politico-sociales de masse et disposent d'une crédibilité institutionnelle dont ne bénéficient ni les groupes féministes marxistes ni les organisations féminines traditionnelles. Mais les organisations syndicales ont dû faire un bon bout de chemin avant d'en arriver au discours égalitariste.

L'acceptation du travail féminin par la CTCC/CSN est récente; de fait, elle se situe à la remorque des idéologies bourgeoises qui, à partir du milieu des années 60, ont commencé à véhiculer une image de la «femme émancipée», perçue comme exerçant une profession propre. Auparavant, le travail des femmes n'était admis que pour celles qui n'avaient pas d'hommes pour les entretenir (mères abandonnées, jeunes filles soutien de famille, veuves). La même réticence existe dans les organisations syndicales «internationales»; certains syndicats de métiers vont même jusqu'à interdire l'accès de leur métier aux femmes.

Corollairement à ce refus généralisé du travail féminin, on assiste de la part des organisations syndicales à une attitude protectionniste vis-à-vis des femmes qui se retrouvent sur le marché du travail. Là encore, le mouvement syndical se révèle tributaire de l'idéologie patriarcale et nataliste dominante; il ne s'agit pas tant de protéger la femme comme travailleuse, c'est-à-dire d'aboutir à l'élimination des emplois dangereux, mais d'éviter que les femmes enceintes soient soumises à des conditions de travail dangereuses pour le fœtus.

Dans la même optique, on parlera de mesures visant à interdire le travail de nuit des femmes *et* des enfants, autre modalité d'assimilation du statut des femmes à celui des enfants. Par ailleurs, dans un mémoire soumis à la Commission royale d'enquête sur la situation de la femme au Canada (1968), la CSN soulignait que les femmes doivent jouir de conditions de travail telles qu'elles puissent s'acquitter pleinement de leurs responsabilités familiales.

Le mouvement syndical québécois n'a jamais officiellement avalisé le principe de la disparité salariale entre hommes et femmes, mais une bonne partie de sa pratique concrète reflète une attitude pour le moins ambiguë à cet égard. Au-delà des vœux pieux et des positions de principe jamais articulées dans le militantisme syndical quotidien en faveur de la parité salariale entre hommes et femmes, les syndicats jouent un rôle important, ou à tout le moins font preuve d'une complicité frappante, dans la création de ghettos d'emplois féminins et dans leur perpétuation. De plus, une étude de 1971 de la FTQ, qu'on peut difficilement taxer d'antisyndicalisme, relate que les femmes gagnent environ les ⅔ des salaires masculins et ce, dans des entreprises syndiquées, lorsque les tâches portent le même nom pour les hommes et les femmes.

Il faut souligner que l'optique syndicale des années 70 réduit l'oppression des femmes à la simple exploitation économique qu'elles subissent dans le travail salarié. Bien sûr, on mentionne quelquefois que les femmes doivent effectuer une double journée de travail, mais simplement pour aboutir à la conclusion que les hommes devraient prendre en charge certaines tâches ménagères.

Dans la plate-forme soumise par la CSN et la CEQ aux états généraux des travailleuses salariées québécoises, et qui se situe dans la même ligne de pensée que les résolutions du colloque de la FTQ sur cette question, ce qui sert d'élément structurant, c'est la revendication du droit au travail pour toutes les femmes. La justification théorique d'une telle démarche avait déjà été fournie au congrès de 1976 de la CSN, qui reprend grosso modo les thèses marxistes classiques sur le sujet, à savoir, que c'est seulement par l'insertion dans la production sociale que les femmes peuvent s'organiser contre leur oppression.

En ce qui concerne les possibilités véritables d'accès au marché du travail et à des conditions de travail décentes, la plate-forme syndicale aborde les thèmes de la non-discrimination à l'embauche, de respect des normes minimales de santé/sécurité dans les entreprises, de l'élargissement des droits d'association permettant l'accréditation multipatronale, du salaire égal pour un travail d'égale valeur, de même que l'adoption de normes minimales d'emploi devant s'appliquer à tous les travailleurs et travailleuses.

Finalement, on ne retrouve aucune remise en cause de l'organisation capitaliste du marché du travail et encore moins une analyse des raisons pour lesquelles on dénie à la majorité des femmes l'accès au travail salarié. Il s'agit de développer des pratiques de travail égalitaires sans prendre en considération ce qui se produit socialement en dehors du milieu du travail. Ce n'est qu'au début des années 80 que les syndicats commencent à envisager l'accès à l'égalité.

C'est dans une telle logique économique que s'est aussi développé au cours des années 70 le débat sur le travail domestique, lorsque certaines militantes ont tenté d'élargir la notion de travail au travail domestique. Le premier texte marquant à cet égard a été celui de Margaret Benston[8], qui a structuré une bonne partie des débats des années 70. En fait il s'agit, à partir de la distinction entre production de valeurs d'usage et production de valeurs d'échange, de situer la place des femmes dans la société capitaliste. Elles sont ainsi définies comme le groupe responsable de la production des valeurs d'usage.

Benston analyse par la suite la place qu'occupe cette production des femmes dans la société capitaliste et surtout, la manière dont la production domestique profite au capitalisme en stabilisant la main-d'œuvre masculine, à cause de ses responsabilités financières vis-à-vis de la famille, tout en générant des comportements extrêmement conservateurs chez les femmes, leur dépendance engendrant une certaine passivité. Aussi s'inscrit-elle en faux contre la panacée de l'accès à la production socialement reconnue et préconise-t-elle une socialisation du travail ménager, ce qui remettra en cause la famille nucléaire. Toutefois, ajoute Benston, ceci ne fera que mettre fin à l'oppression des femmes, il restera encore l'exploitation, qui ne pourra être enrayée que par des modifications structurelles dans la sphère de la production socialement reconnue.

Certaines des notions de Benston seront reprises dans le texte de Mariarosa Dalla Costa[9] et influenceront directement les débats au Centre des femmes. Le texte de Mariarosa Dalla Costa est parvenu au Québec en 1973, en pleine période de discussion sur la priorité à donner soit aux quartiers, soit aux usines, tant pour l'extrême-gauche que pour le mouvement des femmes.

Ce texte proposait une approche marxiste qui parlait aux féministes québécoises: on y faisait référence à l'Église catholique, à la famille comme lieu d'enfermement, à Frantz Fanon autant qu'au *Capital* de Marx; faisant écho à Selma James, qui influençait beaucoup les Américaines et les Canadiennes-Anglaises, Mariarosa Dalla Costa parlait de socialisation du travail domestique et de salaire aux ménagères, c'est-à-dire qu'elle traduisait en jargon marxiste le même type de problématique. Pour comprendre l'influence de ce déplacement des axes de lutte, il faut réaliser que les féministes de cette époque faisaient partie de cette première génération de femmes pour lesquelles la famille n'était pas garante de l'épanouissement féminin, la première génération de femmes qui pouvaient envisager leur avenir en des termes différents de la famille (mère et épouse) ou de l'Église (religieuse).

Mais le grand problème qu'on retrouve *a posteriori* dans ce débat sur le travail domestique — et qui commence à être critiqué/réévalué dans les années 80 — c'est celui de l'analogie économique. Quelle différence fondamentale existe-t-il entre la reconnaissance des femmes comme sujets économiques par leur insertion dans le marché du travail ou par la reconnaissance d'une valeur économique au travail domestique? En fait, la grande ambiguïté de ce débat, c'est qu'il semblerait absolument nécessaire de passer par la sphère économique pour devenir sujet politique, ce qui ne rompt pas particulièrement avec la logique dominante dans les sociétés industrielles.

Égalité ou assimilation?

La conquête de droits égaux par les femmes me semble une nécessité pour toute avancée du féminisme, ne serait-ce que parce qu'elle permet enfin de poser les véritables problèmes. C'est dans ce sens d'ailleurs qu'il est possible d'établir une continuité entre les diverses périodes historiques de remontée du féminisme depuis la Révolution française et le féminisme contemporain. Il fallait d'abord que les femmes aient le sentiment d'avoir des droits pour oser les revendiquer, comme le souligne Mitchell:

> En dehors des pays socialistes ce sont [les pays capitalistes avancés] presque les seuls pays du monde à proposer un programme égalitaire: ce sont des démocraties libérales, nettement organisées sur la base politique de l'opinion majoritaire. Dans cette idéologie égalitaire, des pratiques ouvertement discriminatoires scandalisent. L'idéologie égalitariste ne sert pas à masquer l'écart entre l'illusion et la réalité, mais est justement le mode sur lequel la discrimination autant que son refus sont vécus. Le fait de croire à la possibilité et à la justesse d'une telle égalité a permis aux femmes de se sentir trompées, et a été la condition de base de leurs protestations initiales[10].

Plus précisément, c'est à partir du moment où un certain nombre de droits sont acquis qu'il est possible de mesurer la différence entre l'égalité sur papier et l'égalité dans les faits. Le choc a été d'autant plus violent au Québec que la révolution tranquille des années 60 avait lancé le fol espoir d'une démocratisation sociale en profondeur, symbolisée par le fameux slogan «s'instruire, c'est s'enrichir», l'égalité des chances en éducation devant conduire à l'égalité des chances de réussite sociale.

> Ainsi, le contraste entre la théorie, le droit et la réalité, les faits, devenait trop grand. Théoriquement, nous étions les égales des hommes, mais pratiquement, nous demeurions toujours inférieures. Celles qui avaient eu la chance d'accéder à ces droits (droit au travail, droit à l'éducation, droit à une sexualité «sécuritaire») ont vu que tout cela n'était qu'illusion, voire, mystification. Ceci peut expliquer pourquoi ce sont des femmes plutôt «privilégiées», qui ont formé les rangs du «nouveau féminisme»: elles avaient au moins une instruction secondaire, ce qui leur permettait de travailler dans le domaine tertiaire (les services, la culture) et elles avaient accès à la contraception «sûre»; ce qui était loin d'être le lot de toutes les Québécoises d'alors[11].

De fait, l'émancipation qui est offerte aux femmes, c'est de pouvoir faire comme les hommes, sans oublier leurs tâches de femmes. Ainsi, les femmes ont le droit de travailler à l'extérieur du foyer, pourvu qu'elles continuent d'accomplir, ou d'assumer, les tâches domestiques. À la femme fragile à protéger, a succédé l'image sociale de la femme bionique et c'est là la principale contradiction du courant émancipateur.

En même temps, le féminisme des années 70 a permis de cerner toutes les ambiguïtés de la problématique égalitaire. On a pu voir d'une part que les sociétés libérales ne sont pas en mesure de consentir l'égalité et d'autre part que, dans bien des cas, égalité veut dire assimilation dans un contexte où les femmes sont systématiquement désavantagées.

Notes

1. Véronique O'Leary et Louise Toupin, *Québécoises deboutte!*, tome 1, Montréal, les Éditions du remue-ménage, 1982.
2. Ne sont communs que les biens acquis après le mariage, les biens antérieurs restant propriété privée.
3. Il s'agit du récent document de consultation *Pour les familles québécoises*, qui institue comme famille «tout groupe parent(s) uni par des liens multiples et variés», p. 34.
4. Suzanne Messier, *Chiffres en mains*, Québec, l'Éditeur officiel, 1982.
5. Francine Harel-Chiasson, «La place des femmes dans la vie économique», communication au forum «Les femmes, une force économique insoupçonnée», Montréal, 29 octobre 1983, p. 27.
6. CSN, *La Lutte des femmes pour le droit au travail social*, 1978.
7. Dans *Les femmes, ça compte*, Suzanne Messier évalue à 70% la proportion de femmes dans la main-d'œuvre à temps partiel au Québec.
8. Margaret Benston, «Pour une économie politique de la libération des femmes» dans *Partisans*, nos 54-55 (juillet-octobre 1969).
9. Mariarosa Dalla Costa, *Le Pouvoir des femmes et la Subversion sociale*, Genève, Librairie adversaire, 1973.
10. Juliet Mitchell, *L'Âge de femme*, Paris, des femmes, 1975, p. 45 et 46.
11. Véronique O'Leary et Louise Toupin, *op. cit.*, p. 47.

PITRE III

RENCE ET IDENTITÉ

Poser la question de la différence entraîne une réflexion sur l'identité des femmes et plus précisément sur la possibilité de définir une «condition» des femmes, celle-ci s'entendant comme communauté de situation. Un des traits marquants du féminisme des années 70, c'est justement cette insistance sur l'expérience commune des femmes, sur l'existence des femmes, prises dans leur globalité, comme groupe social disposant de caractéristiques propres et partagées par l'ensemble des composantes du groupe. Plus particulièrement, le discours féministe radical a reposé sur l'idée de classes de sexe et d'une homogénéité de la catégorie sociale «femmes».

Présentée de cette façon, la réflexion ne pouvait porter que sur une identité commune à retrouver et non sur une communauté à construire à partir de l'expérience singulière de chacune. Tout en la déniant au niveau du discours, cette perspective reposait implicitement sur l'idée de la «nature» féminine. En même temps, notre expérience, comme femmes, du social et du politique tendait à se réduire à la seule dimension de notre oppression. Cela a été particulièrement marquant au niveau organisationnel. L'insistance sur la communauté de sort des femmes nous a souvent empêchées de percevoir des différences d'intérêt et de situation (nous n'arrivions pas toutes au féminisme par la même porte) entre les femmes; un siècle de luttes pour l'égalité a quand même laissé des traces, comme on l'a vu au chapitre précédent, et certaines ont opté pour l'assimilation dans l'univers masculin sans en questionner les fondements. De plus, n'admettre que la similitude entre les femmes, c'est passer sous silence que nous vivons dans des sociétés fragmentées et soumises à des logiques diverses de domination sans que l'on puisse faire de l'une d'entre elles la quintessence de toutes les autres. Nous avons eu raison de critiquer le marxisme dans son réductionnisme des luttes sociales à l'antagonisme bourgeoisie/prolétariat et dans sa prétention à faire du prolétariat l'émancipateur universel. Mais nous avons en partie succombé à cette tentation totalisante, remplaçant allégrement la lutte des classes par celle des sexes et faisant de la suppression de l'antagonisme hommes/femmes la condition de l'émancipation universelle.

Nous nous sommes longtemps gaussées du discours sur LA femme et nous avons insisté, à juste titre, sur le fait qu'on ne pouvait parler que DES femmes. Mais nous n'avons pas toujours compris les implications de ce pluriel et notre LES (glissement sémantique) femmes a souvent eu la même résonnance que les cohortes bien unies du prolétariat: toutes ensemble comme un seul homme! Les slogans de l'époque sont révélateurs: ainsi, nous sommes toutes devenues des ménagères, quoique la quasi-totalité de celles d'entre nous qui théorisaient sur notre communauté de ménagères ne l'étaient point et avaient même consciemment refusé de le devenir.

Au niveau de l'organisation, le même phénomène s'est reproduit: nous ne pouvions qu'être homogènes. Soit que nous ayons tu les différences qui nous séparaient à l'intérieur des groupes, ou qui séparaient les groupes entre eux, soit que nous ayons restreint nos collectifs à celles qui partageaient la même opinion. Une chose est sûre dans ces circonstances: le collectif était à la fois lieu commun et paravent, et nos différences trouvaient peu de lieux où s'exprimer. C'est probablement un des éléments qui permet d'expliquer la stagnation de nos réflexions au-delà d'un certain stade et la charge émotive de certains débats, principalement celui concernant le lesbianisme et l'hétérosexualité.

À force d'insister sur la communauté de situation des femmes, nous n'avons pas totalement évité le piège de la «nature» féminine puisque, l'identité agissant sur un mode statique, le côté essentialiste du féminin devenait un des refuges possibles. Dans notre discours, nous rejetions cet essentialisme, ou encore ce «nationalisme féminin» pour employer l'expression de Ti-Grace Atkinson[1], du fait du développement concomitant d'un nationalisme québécois ravalant partiellement la notion d'identité au rang de folklore. Nous étions sensibles au piège de l'identité, puisqu'à beaucoup d'égards l'indépendantisme, plus que le nationalisme, constituait notre horizon politique, comme en témoigne la position de plusieurs collectifs dans l'affaire des «Yvette».

Cependant, nous n'avons pas totalement échappé à une simple positivation du féminin. Entre autres, il est assez fascinant de constater à quel point nous avons revendiqué notre statut de victimes et nous en sommes servies comme point de ralliement. De plus, nous avons souvent eu peur de nous aventurer hors du féminin tel que construit par la société patriarcale. Bien sûr, nos conversations et nos interventions ont délaissé le terrain des recettes de cuisine ou du tricot pour bifurquer vers d'autres sujets, mais notre façon de poser les problèmes que nous soulevions, tels l'avortement, le viol, etc., n'interpellait que les femmes alors que nous laissions les hommes, comme groupe social, interpeller l'ensemble de la société et organiser nos vies, lors de débats sur la question nationale par exemple. Bien sûr, certaines d'entre nous y ont été présentes à titre individuel, mais sans que le féminisme arrive à donner sa marque à des thématiques concernant les hommes et les femmes. Tacitement et pratiquement, nous avons acquiescé à la séparation entre les domaines masculin et féminin.

Tout cela contribue à fonder une pensée de la différence et de la séparation. Je l'analyserai sous trois angles. J'aborderai d'abord les rapports ambigus qui se sont dessinés entre féminisme et nationalisme. Ensuite, il sera question de la territorialisation passant à la fois par le corps et l'espace. Finalement, je verrai comment le lesbianisme s'est manifesté pratiquement et les interrogations qu'il a soulevées à l'intérieur du féminisme.

Québécitude et féminitude[2]

Le nationalisme influe sur le féminisme québécois principalement de deux façons: premièrement, il fournit un langage politique et théorique permettant d'analyser la situation des femmes en termes d'oppression et de libération, langage marquant le féminisme à l'échelle internationale; deuxièmement, il se développe sous des formes à la fois —et contradictoirement— politiques et culturelles tout au long des années 60 et 70 et constitue, dans une large mesure, l'horizon politique de l'ensemble des mouvements sociaux puisqu'il se situe au cœur des polarisations politiques et sociales de cette période.

Dans un premier temps, il s'agit donc d'examiner comment le nationalisme a délimité le champ de perception du féminisme et lui a fourni des éléments conceptuels utiles au développement de sa problématique. Cela permettra ensuite d'en percevoir les manifestations concrètes dans le contexte québécois, où le féminisme tente de se développer en «concurrence» avec le nationalisme, ne serait-ce que par l'utilisation de la même thématique à des fins différentes.

Par ailleurs, sans aller jusqu'à définir le féminisme comme une forme de nationalisme, on ne peut passer sous silence ses emprunts aux mouvements de libération nationale ou de décolonisation. L'analogie entre sexisme et racisme ne date pas des tentatives «d'action positive» en faveur des «minorités visibles»: c'est une thématique que l'on voit déjà à l'œuvre dans *Le Deuxième Sexe*.

Ces emprunts sont surtout le fait du courant dit «féministe radical», mais cela n'empêche pas certaines marxistes, comme Juliet Mitchell[3], de situer le mouvement féministe américain dans un contexte politique forgé par les mouvements de libération du tiers-monde, le mouvement noir, le mouvement étudiant contre la guerre au Vietnam et le mouvement hippie. À l'exception du dernier, tous ces mouvements tirent leur inspiration majeure de la notion de «libération nationale».

Le féminisme radical, en faisant de l'oppression le concept central autour duquel il développe sa réflexion, effectuera des emprunts majeurs à la problématique de la libération nationale. Ainsi, dans sa justification de l'autonomie nécessaire du mouvement féministe, Christine Delphy[4] procède-t-elle entièrement par analogie avec le mouvement noir américain et justifie les prises de position du féminisme par les expériences pratiques du mouvement noir dans son cheminement des droits civiques au séparatisme. Dans ce cadre, elle fait du séparatisme une condition essentielle à la prise de conscience de l'oppression. Mais l'analogie ne s'arrête pas à des considérations d'ordre organisationnel: la politique du féminisme y est pensée en termes de prise de conscience, d'oppression, d'appartenance, de haine de soi. Ces concepts sont repris tels quels des penseurs de la décolonisation, sans questionnement concernant leur utilisation idéologique et la misogynie sur laquelle ils reposent dans la plupart des cas.

Les emprunts à Memmi et à Fanon ne caractérisent pas seulement la pensée de Delphy. Dans un texte plus récent, Suzanne Blaise[5] puise abondamment dans les raisonnements de Memmi et de Fanon et va même jusqu'à qualifier les femmes de «tiers-monde du patriarcat». Par ailleurs, elle construit un schéma de la prise de conscience féministe entièrement calqué sur celui que ces deux auteurs ont développé pour la prise de conscience anti-colonialiste et elle illustre les citations de Memmi et Fanon par des exemples tirés de l'histoire récente du féminisme français.

Au Québec, cette identification de la lutte des femmes à la libération nationale a imprégné le discours féministe d'autant plus facilement que le nationalisme, dans sa composante radicale, constituait le discours par excellence de la critique sociale et des mouvements de changement social. On ne peut donc que constater les coïncidences entre les thématiques féministes et les thématiques nationalistes. Mais en même temps, on ne peut faire abstraction de la paralysie que le nationalisme a transmise à la réflexion féministe.

Le courant nationaliste québécois auquel s'est identifié le féminisme est celui qu'on qualifie de nationalisme moderne. Sa principale différence avec le nationalisme dit traditionnel consiste dans la rupture avec la quête d'identité et la préservation d'une culture ravalée au rang de folklore, pour se concentrer sur les solutions politiques au problème. Plus particulièrement, le passage du nationalisme canadien-français au nationalisme québécois a été marqué par l'inscription géo-politique du projet nationaliste, c'est-à-dire le projet indépendantiste, qui permettait de le tourner vers l'avenir plutôt que de le limiter à un passé peut-être glorieux mais certainement révolu.

En même temps, la frange radicale de ce nationalisme moderne voyait dans le projet indépendantiste un moyen d'instaurer le débat sur les mécanismes sociaux de l'après-indépendance et de poser la question sociale à travers la question nationale. C'est cette composante du mouvement nationaliste qui constituera, jusqu'au début des années 70, le référent de l'ensemble des mouvements sociaux en émergence en même temps que leur interlocuteur privilégié. Le féminisme n'y fera pas exception, d'autant plus que les militantes du Front de libération des femmes proviennent toutes de ce courant politique. C'est pourquoi il m'apparaît important de présenter en miroir l'analyse nationaliste radicale et l'analyse féministe de l'époque du FLF, pour en montrer les analogies.

Un mot d'ordre essentiel du mouvement féministe qui s'est formé au Québec à la fin des années 60 a été «Pas de libération des femmes sans Québec libre, pas de Québec libre sans libération des femmes». Un tel mot d'ordre, en même temps qu'il montre l'importance de la question nationale dans la radicalisation politique et sociale, laisse entendre également que le mouvement féministe québécois s'est d'abord situé dans une perspective de libération nationale. À la fin des années 70, le Regroupement des femmes québécoises se définissait à l'avenant, c'est-à-dire comme groupe de pression sur le Parti québécois. Mais au-delà d'une apparence de continuité, résident des différences qualitatives que je tenterai de mettre en lumière.

Le FLF est issu du mouvement nationaliste radical, dont les thèses de base ont été le plus clairement définies par la revue *Parti-pris* au milieu des années 60. Il est important d'y revenir rapidement puisque ces catégories et modèles d'analyse serviront de fondement à la problématique du FLF. Le point de départ de cette analyse est l'identification de l'oppression de la nation québécoise à une situation coloniale. À partir de cela, les objectifs stratégiques du mouvement révolutionnaire sont définis comme suit:

> [...] c'est le remplacement du pouvoir colonialiste et impérialiste, et du pouvoir de néo-bourgeoisie par le pouvoir des classes travailleuses. Nous croyons que le chemin qui nous conduira là, c'est celui de la révolution nationale démocratique accomplie sous l'impulsion des classes travailleuses. D'abord elle passe par la décolonisation, l'un des aspects essentiels, elle est une lutte de libération nationale[6].

Le *Manifeste des femmes québécoises*[7], dont l'analyse reprend des thématiques du FLF, sans qu'il ait été écrit par celui-ci, témoigne de l'importance de ce schéma analytique chez les féministes. D'abord, on s'y réfère constamment au schéma colonisateur/colonisé pour décrire la situation vécue par les femmes et leurs possibilités limitées de révolte dans la société patriarcale. Aussi, les auteures reprennent-elles à leur compte la typologie de Memmi sur le colonisé auto-destructeur, transformant sa révolte impossible contre le colonisateur en haine de soi. Cette référence sera tellement automatique, imprégnante, que la cellule garderie du FLF ira jusqu'à parler d'une «lutte de libération nationale des femmes[8]».

Il est intéressant de noter à cet égard que ce parallèle entre la situation des femmes et la situation coloniale commencera à avoir une nouvelle crédibilité dans un tout autre contexte, avec l'émergence du courant féministe radical. Ainsi, Michèle Jean fera-t-elle l'analogie entre «québécitude» et «féminitude», mettant en lumière les traits communs de l'oppression, qu'elle soit nationale ou sexuelle.

> La vérité qui est pour le Québec que les Québécois ont vécu dans la Confédération une oppression essentielle et que les femmes ont vécu et vivent, dans un monde fait et pensé par les hommes, une oppression essentielle[9].

La prise de conscience nationaliste accompagnera très souvent celle d'une solidarité nécessaire entre les militantes féministes. Aussi les militantes du FLF sont-elles portées à s'interroger sur leur identité — et partant, leur allégeance — première: sont-elles d'abord femmes ou Québécoises, ce qui marquera leur rapport avec les féministes anglophones.

> Parfois, certaines positions ont une teinte nationaliste et déplacent les problèmes en insistant sur les aspects ethniques et culturels de la domination des Québécois: on refuse de travailler avec des femmes anglophones même si elles parlent français et s'orientent dans la même perspective, parce qu'elles sont dans une position dominante par rapport à nous[10].

Mais ce nationalisme étroit est généralement nuancé d'une coloration anti-capitaliste. C'est dans cette perspective qu'il faut concevoir la triple orientation du FLF: libération des femmes, libération nationale et libération sociale. Si leur objectif demeure «d'organiser radicalement la prise de conscience féministe[11]», les sympathisantes du FLF s'empressent de souligner:

> Il devient clair pour nous les femmes qu'il faut faire la révolution si nous voulons que ça change. Ce qui est en jeu, ce n'est pas seulement notre libération mais aussi la libération de tout notre peuple et de tous les peuples de la terre[12].

Toutefois, en pratique, le FLF s'est avéré incapable d'articuler les thèmes du nationalisme et du féminisme malgré les interrogations de ses participantes à savoir si elles étaient d'abord femmes ou Québécoises[13]. De fait, la conception prévalant à l'intérieur du FLF est que la lutte féministe est un aspect parcellaire de la lutte de libération nationale et que la politique, ou l'action politique, passe par la consolidation d'un courant nationaliste radical où les femmes ne subiraient pas de discrimination.

Mais ce n'est pas simplement au niveau de la définition de l'oppression que le nationalisme inspire le féminisme, c'est également en ce qui concerne l'idée de différence. À ce niveau-là, le féminisme puise beaucoup aux sources du nationalisme traditionnel, entre autres au niveau de la force avec laquelle il affirme la différence: différence entre la nation et l'étranger mais également différence entre les sexes comme condition de survie de la nation.

Il y a un autre parallélisme avec le nationalisme moderne qui s'exprime dans le féminisme contemporain et c'est toute l'insistance sur le corps, un corps qui n'est pas que le corps mystique du courant clérical mais la symbolisation du territoire à libérer. Ainsi, l'oppression se manifeste dans le corps victime et la libération, dans un corps qui pourra nous appartenir.

Le pays du corps

Si le féminisme a emprunté au nationalisme contemporain l'idée de la nécessité d'une solution d'ordre politique — et non seulement culturelle — à l'oppression, il ne pouvait lui emprunter autrement que métaphoriquement la solution politique, à savoir la libération du territoire. Dans ce sens, le corps a rempli dans une large mesure la fonction de territoire. De façon marginale, certains courants du féminisme ont tenté de construire des communautés de femmes comme territoires libérés de l'emprise patriarcale. Cependant, ce phénomène a été plutôt de l'ordre du «wishful thinking», ne serait-ce qu'à cause du faible bassin de population féministe au Québec, qui permet difficilement la répétition de certaines expériences américaines d'autosuffisance économique et sociale (fermes, entreprises, commerces, etc.), sans parler du phénomène urbain d'intégration sociale, qui restreint les possibilités d'existence du «ghetto» comme seul lieu de ressourcement et d'identification.

Le corps a d'abord été perçu comme territoire opprimé. Chronologiquement, la première manifestation de ce phénomène a été la lutte pour le droit à l'avortement. Un des points sur lequel on a le plus insisté, c'est la lutte contre la productivité; en revendiquant la liberté de l'avortement, nous demandions que notre corps cesse d'être perçu comme une usine à bébés sans égard pour ce que nous en pensions. Cette lutte contre la productivité revêtait d'autant plus d'importance ici que la taille des familles québécoises était encore relativement élevée par rapport aux autres pays occidentaux, même si elle avait déjà connu une diminution sensible.

Ensuite, c'est autour du corps utilisé par le pouvoir médical que les luttes se sont développées. D'une part, il y a eu les critiques du corps comme terrain d'expérimentation, autant en ce qui concerne les techniques contraceptives que les psychotropes; d'autre part, on a procédé à la critique du corps médicalisé et normalisé. Cette normalisation du corps n'étant pas que le fait de la médecine, le mouvement s'en est également pris à celle imposée par l'industrie de la beauté. Il est significatif que le FLF ait jugé important d'effectuer une action d'éclat au Salon de la femme, en le dénonçant comme lieu systématisant l'encadrement et le façonnement des femmes par le regard masculin, au moyen des normes de beauté, de la tenue vestimentaire, etc.

Cette importance du corps se fait également sentir dans la réflexion sur le viol. Il est important de revenir sur la problématique du viol parce qu'elle marque une coupure avec certaines positions antérieures du mouvement, qui avait eu tendance dans un premier temps à adhérer au courant de libération sexuelle et à refuser toute répression dans ce domaine. La continuité a d'abord été maintenue en désexualisant le viol. Ainsi, à cette époque, il a été perçu uniquement comme un geste d'appropriation et de mépris, sans qu'on s'interroge à fond sur son rapport à la sexualité tant masculine que féminine. C'est à tout le moins ce qui ressort de la caractérisation du viol telle que développée par le Mouvement contre le viol. Il y a, entre autres, une non-volonté de s'interroger sur les effets de la «libération des pulsions» dans un contexte de domination d'un sexe sur l'autre.

La question du viol a été au cœur de multiples pratiques. D'une part, se sont mis sur pied des centres d'aide aux victimes de viol qui ont beaucoup fonctionné selon le mode des services sociaux traditionnels, même si le contenu du discours pouvait s'avérer différent. Ces centres ont joué un rôle majeur dans la perception du viol comme problème social et non comme conséquence d'un comportement féminin déplacé. D'autre part, cela a donné lieu à des pratiques d'auto-défense afin que les femmes ne se perçoivent pas comme victimes désignées et disposent de moyens psychiques et techniques pour réagir en cas d'agression.

Il en va de même en ce qui concerne les femmes battues. Le développement du féminisme a fait en sorte que le problème soit maintenant envisagé comme un fait social et non comme un simple rapport individuel. Cela a donné lieu, par ailleurs, à la mise en place au sein du féminisme de pratiques qui relèvent plus du service social que de rapports égalitaires-communautaires entre les femmes.

Il faut mentionner également les luttes contre la publicité sexiste, contre le harcèlement sexuel en milieu de travail et contre la pornographie. Plus les pratiques se développent, plus s'élargit la compréhension des facettes multiples du corps comme lieu marqué par l'oppression.

Il est tout aussi significatif que ces luttes se soient déroulées autour de la thématique générale du corps comme lieu d'appartenance, et aussi du corps comme richesse. Non seulement réclame-t-on que notre corps nous appartienne mais il y a également célébration du corps féminin, un corps généralement très «naturalisé». Cet aspect se fait moins sentir dans les pratiques du mouvement mais se situe au cœur de l'écriture féministe qui tente de développer une culture au féminin, culture qui prendrait racine dans le corps.

D'une façon un peu ironique, on peut constater qu'à la mutilation concrète du corps des femmes, répond un imaginaire de célébration participant d'une culture féminine/féministe. Comme si la libération passait d'abord et avant tout par le corps. À cet égard, on ne peut s'empêcher de penser à la célébration du pays dans la littérature nationaliste et à son rôle dans la constitution d'une identité collective. Là également, il y a utilisation métaphorique du corps comme lieu à partir duquel construire une identité. Le corps célébré dans la littérature féminine/féministe est donc très souvent le corps lesbien, comme variante la plus vraisemblable, à partir de la réalité présente, de la libération.

Les lieux de femmes comme territoires libérés

Le féminisme contemporain s'est préoccupé également de marquer l'espace du féminin. Volonté de laisser des traces, d'apparaître. Cela prend autant la forme de lieux de diffusion des idées comme les librairies, les journaux, les maisons d'édition que de lieux où les femmes puissent se retrouver entre elles, en dehors de chez elles.

Ainsi, dans la deuxième moitié des années 70, on a vu apparaître dans plusieurs villes des maisons de femmes conçues de façon diversifiée. Dans certains cas, il s'agissait de créer un lieu d'où pourraient partir des initiatives individuelles ou collectives, dans d'autres cas, de regrouper sous un même toit des collectifs féministes, dans d'autres encore, de fournir aux femmes des lieux de rencontre comme des cafés, des restaurants, etc.

La Maison des femmes de Montréal s'est mise sur pied en 1976 suite aux discussions qui ont marqué le premier anniversaire de la Librairie des femmes d'ici. À ce moment, des femmes ont senti le besoin de se donner un lieu permanent de regroupement/reconnaissance/retrouvailles qui soit lieu de créativité, de connaissance, de diversité. Elles voulaient s'ouvrir à d'autres femmes, disposer d'un lieu où des femmes, qui avaient des projets ou simplement des désirs, pourraient se retrouver et concrétiser collectivement leurs rêves individuels. Des projets aussi différents que l'écriture, la musique, l'auto-santé et l'auto-défense y cohabitaient harmonieusement, car il s'agissait aussi de contrer la séparation des sphères d'intérêt et d'activité. Le projet de la Maison des femmes de Montréal se trouve résumé par le thème de la semaine d'activités célébrant son premier anniversaire, «Des femmes s'offrent la lune».

Mais la Maison avait également les défauts de ses qualités, qui ont contribué à sa disparition en juin 1978. Les projets de la Maison étaient perpétuellement en devenir, d'autant plus que dès le départ il y a eu un très grand roulement, la Maison s'apparentant plus à une plaque tournante, un lieu d'arrivée et de départ, sorte de hall de gare qui permettait aux femmes de se définir et d'aller ailleurs. L'activité de la Maison en a été une de défrichage, répondant à un besoin de prendre la parole, de se sentir un pouvoir, de se sentir tout simplement.

La Maison des femmes de la Côte-Nord s'est formée avec des objectifs sensiblement différents. Il s'agissait fondamentalement pour ces femmes de se doter d'un lieu (et de le rendre accessible à toutes les femmes) où elles pourraient se retrouver, penser, agir en tant que femmes. Cette urgence du lieu se manifeste particulièrement sur la Côte-Nord, zone de colonisation industrielle et minière où la domination masculine se concrétise dans des modes extrêmement brutaux et où les possibilités de regroupement offertes aux femmes sont à peu près nulles. C'est une situation semblable qui prévaut dans le Bas-du-Fleuve et les perspectives de la Maison des femmes de Rimouski (fermée depuis) étaient assez semblables à celles de Sept-Îles.

La Maison des femmes de Sherbrooke présente une autre réalité. Là, ce sont les divers collectifs féministes qui ont senti le besoin de se donner un lieu physique de centralisation et d'échange de leurs expériences. La Maison des femmes n'est pas tant ouverte en vue d'une nouvelle socialité des femmes mais plutôt par le besoin de dépasser les limites inhérentes à des pratiques parcellisées, de confronter les expériences diverses. Elle est à la fois lieu de fusion des projets existants et point de départ de nouveaux projets, comme le café des femmes.

À Québec, la Maison a constitué le point initial de regroupement des féministes. Pour les femmes à l'origine du projet, fortement influencées par le populisme, il s'agissait au départ de mettre sur pied des services communautaires pour femmes, à l'instar de ce que pouvaient faire les groupes populaires mixtes; le premier local de la maison était d'ailleurs partagé avec le Comité populaire du quartier St-Sauveur.

Ce qui est un peu différent, c'est l'existence, à côté de ces projets reliés à un certain militantisme, de projets collectifs se réclamant de l'expérience des femmes en lutte et d'une nouvelle identité féminine mais beaucoup plus identifiés à des pratiques professionnelles que militantes. Non seulement la société sanctionne l'existence d'un art au féminin, d'une écriture femme, d'une sociologie des femmes, etc., mais des artistes, écrivaines et sociologues la revendiquent.

Le lesbianisme comme démarcation

Dans un tel contexte d'affirmation de la différence, de la spécificité des femmes, il n'est pas surprenant que le lesbianisme se soit posé comme question à la fois intérieure et extérieure au féminisme.

À la fin des années 70, les lesbiennes sont très nombreuses proportionnellement dans le mouvement des femmes et les réflexions féministes sont principalement formulées par les lesbiennes. D'une part, il faut se demander quel est l'impact du lesbianisme politique et d'autre part, il importe d'envisager les effets de la présence importante des lesbiennes dans la plupart des collectifs de la tendance radicale du mouvement.

Il n'est pas inutile de mentionner que beaucoup de femmes sont devenues lesbiennes par le biais d'une prise de conscience féministe. La prise de conscience croissante de l'oppression, la solidarité et la complicité qui s'établissaient entre les femmes à travers le mouvement, le fait de vivre de plus en plus avec des femmes, ont amené certaines militantes à voir dans le lesbianisme une solution miraculeuse, la possibilité de construire un monde différent dès maintenant.

Le questionnement sur le lesbianisme a d'abord été le fait d'hétérosexuelles qui mettaient en cause leur minorisation dans les collectifs féministes. On s'est donc demandé si l'on pouvait être à la fois hétérosexuelle et féministe, sans qu'il y ait interrogation sur la construction sociale de l'hétérosexualité, ce qui a largement contribué à fausser le débat. D'autant plus qu'une volonté de marginalisation des lesbiennes a commencé à se développer à partir du moment où une partie du mouvement a lorgné du côté de l'institutionnalisation, à la recherche d'une respectabilité de type académique, ministérielle, administrative ou syndicale.

Le mouvement féministe québécois a donc vécu une situation où les lesbiennes en ont longtemps été la composante majeure sans que la question de la place du lesbianisme dans le mouvement des femmes ne se pose véritablement. Seule organisation spécifiquement lesbienne qui ait existé avant 1980, la Coop-femmes a constamment oscillé entre le club social et le lieu de réflexion sur le lesbianisme; ce n'est qu'en fermant la Coop comme lieu de rencontre des femmes que quelques-unes de ses militantes ont pu entreprendre une démarche sur la signification politique du lesbianisme.

Ce phénomène me semble assez important pour comprendre les difficultés de développement et d'extension du mouvement féministe dans un contexte où l'extension fonctionne essentiellement par capillarité. Plusieurs femmes qui auraient pu être intéressées à s'impliquer dans un collectif sont rapidement confrontées à la torture de l'étiquetage (hétéro ou lesbienne?). Par ailleurs, il s'est développé tout un réseau de socialité entre les lesbiennes du mouvement qui a marginalisé très rapidement les hétérosexuelles, celles-ci ne disposant pas d'un tel réseau puisqu'elles ne se posaient pas ou n'avaient pas à se poser la question de leur identité sociale, celle-ci «allant de soi». Comme il n'y avait aucun lieu de centralisation des diverses expériences des collectifs, la Coop-femmes, parce qu'elle organisait des rencontres sociales où se retrouvaient les lesbiennes impliquées dans le mouvement, fournissait un cadre d'échange d'information qui était difficilement accessible aux hétérosexuelles.

Mais qui plus est, en l'absence jusqu'au début 82 de tout regroupement/mouvement des lesbiennes, il n'y a pas eu de développement/recherche d'une problématique propre aux lesbiennes et à leur réalité, mais plutôt dispersion de cette problématique à travers l'ensemble des collectifs; une sorte de non-dit dont on sent toujours la présence, qui détermine largement les rapports des femmes à l'intérieur des collectifs de même qu'entre les collectifs, mais qui apparaît rarement de façon tangible. Toutefois, émergent quelques éléments qui paraissent porteurs d'un certain changement et permettent de comprendre pourquoi le lesbianisme est devenu le lieu d'identification et de réflexion de la plupart des lesbiennes féministes aujourd'hui.

D'une part, il est de plus en plus clair que les lesbiennes féministes se définissent d'abord en tant que femmes et définissent leur oppression à partir de leur réalité de femmes, et qu'elles situent leur lesbianisme comme révolte ou dissidence par rapport à la «condition féminine». Il n'est donc pas question pour elles de participer à un regroupement mixte d'homosexuelles-els du type de l'Association pour les droits des gais du Québec; un tel cadre nie totalement la dimension féministe de la conscience de ces lesbiennes.

D'autre part, à l'été 1979, la question lesbienne s'est posée dans tous les collectifs féministes sur un mode palpable. Depuis quelques années déjà, à la mi-juin, l'Association pour les droits des gais du Québec organisait une manifestation, inspirée du mouvement de Christopher Street à New York. Traditionnellement, les femmes de la Coop y participaient, mais sans chercher l'appui des collectifs féministes. En 1979, la Coop a décidé d'organiser son propre cortège dans la manifestation, appelant tous les collectifs à se joindre à la manifestation sous les thèmes de solidarité avec les lesbiennes et de lutte contre la violence faite aux femmes. L'impact d'une telle démarche a été important dans les collectifs puisque c'était la première fois qu'on leur demandait de s'identifier à une activité spécifiquement lesbienne.

Mais ces développements, si positifs soient-ils, peuvent contenir une dynamique dangereuse pour le mouvement féministe. Jusqu'où est-il possible d'affirmer la problématique lesbienne dans un cadre où les lesbiennes constituent l'ossature du mouvement féministe? N'y a-t-il pas là un danger pour la survie du mouvement? Est-ce qu'un mouvement de lesbiennes peut exister en l'absence d'un mouvement féministe constitué et bénéficiant d'une certaine audience? D'autre part, quelle est la part du repli des lesbiennes vers la «politique lesbienne» dans le processus d'absorption/dilution du féminisme par un mouvement des femmes de plus en plus institutionnalisé?

Notes

1. Voir «Le nationalisme féminin» dans *Nouvelles questions féministes*, Paris, Tierce, 1984, n°s 6-7.
2. J'emprunte ces termes à un article de Michèle Jean paru dans *Les Têtes de pioche, collection complète*, Montréal, les Éditions du remue-ménage, 1980.
3. Juliet Mitchell, *L'Âge de femme*, Paris, des femmes, 1975.
4. Christine Delphy, «Nos amis et nous» dans *Questions féministes*, n° 1.
5. Suzanne Blaise, *Des femmes de nulle part*, Paris, Tierce, 1980.
6. Collectif, *Les Québécois*, Montréal, Parti-Pris, 1977, p. 249.
7. Collectif, *Manifeste des femmes québécoises*, Montréal, l'Étincelle, 1971.
8. Danielle Houle, *«Bilan du FLF»*, photocopie, non daté, UQAM, Centre de documentation en sciences humaines, p. 12.
9. Michèle Jean, «Québécitude ou féminitude» dans *Les Têtes de pioche*, Montréal, les Éditions du remue-ménage, 1980, p. 81.
10. Danielle Houle, *op. cit.*, p. 11.
11. *Manifeste des femmes québécoises, op. cit.*, p. 9.
12. *Ibid.*, p. 47.
13. Véronique O'Leary et Louise Toupin, *Québécoises deboutte!* tome 2, Montréal, les Éditions du remue-ménage, 1983, p. 328.

CHAPITRE IV

À LA RECHERCHE DU POLITIQUE

On admet généralement qu'un des acquis du féminisme comme mouvement social réside dans sa capacité d'élargir la notion de politique. Traquer le pouvoir, peu importe où il se trouve, au bout d'une matraque ou dans le lit conjugal, s'inscrit non pas dans une perspective de soumettre aux volontés étatiques l'ensemble de nos pratiques affectives ou autres, mais plutôt dans une optique de résistance aux pratiques normalisatrices, là où elles se manifestent. Affirmer que la vie privée est politique, ce n'est donc pas rechercher une plus grande intervention de l'État dans notre quotidien, c'est plutôt montrer que, dès à présent, celui-ci intervient pour le réglementer et que la capacité de développer une indépendance à ce niveau est le point de départ essentiel à toute responsabilisation de l'ensemble des aspects de notre existence. Car il s'agit de détricoter une à une les mailles du filet de notre oppression, en commençant par les plus enfouies et les plus intériorisées, afin que la résistance à celle-ci s'actualise concrètement.

Une politique autonome

À cet égard, il convient de se pencher sur la notion d'autonomie dans le mouvement des femmes car celle-ci se situe au cœur de la politique féministe. Cette notion d'autonomie n'appartient cependant pas en propre au mouvement des femmes puisqu'elle est partagée par un ensemble de mouvements sociaux en lutte contre l'oppression, mouvements qui développent une conception de l'autonomie se manifestant au niveau théorique et à celui des pratiques de lutte par un séparatisme à l'égard des oppresseurs.

La notion d'autonomie est étroitement liée à une vision du politique et de l'organisation. L'autonomie n'acquiert de sens et ne peut se concrétiser dans une pratique que par une élaboration et une assimilation systématique des instruments d'analyse qui permettent d'en développer une conception d'ensemble et d'en comprendre les ramifications. C'est par une prise en charge de leurs propres luttes —et de leur définition— que les mouvements sociaux peuvent le mieux mesurer les problèmes que celles-ci soulèvent et les dimensions nouvelles de l'oppression qui apparaissent chaque fois que l'on en dévoile un aspect.

Au Québec, cette marche du mouvement des femmes vers son autonomie a été beaucoup plus longue qu'on ne le croit généralement. En effet, il ne suffit pas que naisse un groupe qui se réclame du féminisme pour qu'on puisse parler de l'émergence d'un féminisme autonome. Certes, l'autonomie prend d'abord des formes organisationnelles et ce pas a été rapidement franchi par plusieurs militantes: ainsi, en 1969, apparaissait le Front de libération des femmes, qui posait la nécessité pour les femmes de se regrouper entre elles afin d'élaborer leur contribution spécifique au projet révolutionnaire. Toute une phase du féminisme québécois sera d'ailleurs marquée par cette volonté de regrouper les femmes afin qu'elles ne deviennent pas les laissées-pour-compte de la «vraie» révolution. Cependant, l'autonomie organisationnelle ne sera pas suffisante pour que se développe une conception propre du politique, étant donné que la question des femmes ne constitue — au mieux — qu'un appendice d'un projet politique d'où elles sont par ailleurs absentes.

Toutefois, malgré les limites que peut revêtir la seule autonomie organisationnelle, elle constitue la condition nécessaire à quelque émergence que ce soit de l'autonomie politique. Car ce n'est qu'à partir de leur regroupement, de l'analyse de leur vécu, sans intervention extérieure, que les femmes peuvent devenir à même de définir politiquement le contenu de leurs luttes. Ainsi, l'autonomie politique du féminisme procède du caractère particulier, de la nature spécifique de l'oppression des femmes. L'autonomie s'oppose donc, dans ce sens, à l'universalisme réducteur qui caractérise le politique tel qu'il s'est développé depuis l'époque moderne.

Ceci a des conséquences pratiques. Il ne s'agit pas tant de faire du féminisme le projet politique central autour duquel doivent s'articuler tous les autres, comme le marxisme a souvent tenté de le faire, mais de partir d'une analyse de l'oppression des femmes pour aboutir à un projet de transformation sociale tenant compte des traits particuliers du patriarcat dans les pays capitalistes avancés. Dans ce sens, l'autonomie se différencie du sectarisme puisqu'elle permet l'unité ponctuelle des divers mouvements sociaux sur la base de la dynamique parfois convergente de leurs luttes spécifiques. L'autonomie politique est d'abord et avant tout un refus de déléguer à qui que ce soit la formulation du contenu programmatique des luttes. Cette autonomie suppose également un pluralisme basé sur la fragmentation et l'égalité des divers acteurs politiques.

C'est à ce niveau que prend tout son sens la question du séparatisme, qui revient périodiquement lors des actions unifiées autour d'objectifs précis. L'objectif du séparatisme organisationnel ne me semble pas devoir être la structuration d'une société parallèle, indépendante du patriarcat, mais plutôt un moyen par lequel les femmes, traditionnellement tenues à l'écart de la sphère politique, peuvent entreprendre une prise de conscience des diverses dimensions de leur lutte et de la nécessité de leur implication dans la lutte contre leur propre oppression.

Plus profondément, l'autonomie c'est affirmer que seules les opprimées peuvent lutter contre leur oppression, car il ne s'agit pas uniquement de «chasser le mâle de sa tête» pour se retrouver miraculeusement libérée de l'oppression. La revendication de l'autonomie organisationnelle et politique correspond à une compréhension du chauvinisme mâle comme produit social et non comme trait psychologique propre à un ensemble d'individus.

Parler de l'autonomie politique du féminisme, de la gestion par les femmes de leur propre lutte, conduit à discuter de la portée de cette lutte. Car le mouvement des femmes, dans l'ensemble de ses composantes, féministes ou non, questionne potentiellement l'organisation de l'ensemble de la société. C'est dans ce sens que les féministes affirment que la lutte des femmes n'est pas une lutte parcellaire visant à battre en brèche un des aspects de l'inégalité sociale, mais qu'elle veut mettre fin à toute inégalité sociale et s'avère donc une lutte fondamentale et radicale.

Il faut également tenir compte, outre les conceptions féministes radicales, des conceptions qui se sont développées chez certaines féministes marxistes concernant le rapport entre la lutte des femmes et la lutte contre toute exploitation, entre autres, des analyses développées par Rowbotham, Segal et Wainwright[1] et de la critique qu'elles effectuent du féminisme.

À un autre niveau, si on ne prend en considération que les revendications les plus souvent mises de l'avant par les groupes de femmes, on s'aperçoit que derrière ces revendications se retrouve tout un autre mode d'appréhension de la réalité sociale et économique. Mettre sur pied des garderies et des cliniques d'avortement implique une répartition différente de l'assiette budgétaire. Les revendications concernant le travail témoignent d'une vision totalement différente de celle du travail aliéné et aliénant proposée par la société actuelle. Le contrôle des femmes sur leur propre corps implique une démocratisation sociale en même temps qu'une démédicalisation de la santé.

Plus précisément, le mouvement des femmes est constamment amené à entrer en conflit avec l'État, non seulement comme cible potentielle de la répression, mais parce qu'en revendiquant un contrôle des usagers et usagères sur les services étatiques, il pose très concrètement la question de la nature de l'État: l'État n'est pas neutre, et toute prise en charge des revendications des femmes par l'État sans possibilité d'en surveiller l'application ne fera qu'accroître les ramifications du pouvoir dans l'organisation des vies quotidiennes et non affaiblir les institutions oppressives. À ce niveau, le mouvement des femmes a joué un rôle important de remise en cause de la légitimité organisatrice et unificatrice de l'État et —partiellement— de l'idéologie du «tout à l'État».

C'est là une dimension très importante du féminisme, qui fait prendre tout son sens à l'affirmation que la vie privée est politique. Revendiquer, par exemple, le contrôle des usagères sur les cliniques d'avortement, c'est refuser la logique étatique de rentabilisation des services de santé, mais aussi la sur-médicalisation qui a accompagné la prise en charge des services de santé par l'État. C'est également poser la possibilité d'un apprentissage concret de la prise en charge par les femmes de leur propre vie, indépendamment de la logique propre au capital et à l'État.

Le mouvement féministe se situe actuellement en rupture avec la pensée marxiste, qui a animé depuis plus d'un siècle les débats sur les changements sociaux radicaux. Non seulement il n'y est plus question du «grand soir» cher aux léninistes de toutes tendances, il y a également un refus de focaliser la lutte sur l'appareil d'État, au profit d'une stratégie d'occupation immédiate de l'espace social disponible. Il ne s'agit donc plus d'affronter l'État sur son propre terrain, celui des institutions, mais d'en rétrécir les champs d'intervention au moyen de l'investissement de la société civile par les mouvements sociaux en lutte.

Ce type de rapport à l'État, comme lieu central du politique, est d'ailleurs un des points de démarcation les plus importants du féminisme par rapport aux autres courants du mouvement des femmes. Cette valorisation de l'expérimentation sociale et le développement de nouvelles praxis sociales se distinguent en effet radicalement de la pratique «groupe de pression» des autres composantes du mouvement des femmes.

À l'ombre de la gauche: le poids de la tradition

Pour comprendre les difficultés pratiques qu'ont rencontrées les divers groupes se réclamant du féminisme, il n'est pas inutile d'examiner les tâtonnements et les solutions diverses qui ont accompagné la résurgence du féminisme. Ce détour historique, long à première vue, est nécessaire pour éviter tant les solutions de facilité que le dogmatisme.

Durant les premiers mois de son histoire, le FLF a essentiellement entrepris de justifier son existence, et ses militantes étaient encore sous le choc du simple fait de se retrouver ensemble dans un cadre non mixte, avec les angoisses et les enthousiasmes que cela pouvait susciter. Les attaches politiques de la plupart des militantes n'allaient pourtant pas tarder à refaire surface et le rapport au nationalisme radical allait se manifester très rapidement, autant dans la thématique du groupe que dans son fonctionnement organisationnel.

Les premières divergences apparaissent au printemps 1970, au sujet de la «caravane nationale de l'avortement», organisée par divers groupes féministes du Canada anglais. Cette caravane se rendait à Ottawa pour manifester en faveur de la légalisation de l'avortement. Le FLF refuse d'y participer sous prétexte qu'il ne reconnaît pas la légitimité du gouvernement fédéral. Pour des motifs nationalistes également, le FLF ne participe pas à l'anthologie *Women Unite!*, portant sur le féminisme au Canada.

À l'automne 1970, les tensions s'accentuent entre francophones et anglophones. Plusieurs francophones ont l'impression d'être dominées par les anglophones au sein du FLF, puisque celles-ci ont plus facilement accès aux écrits théoriques du mouvement, qui proviennent principalement des États-Unis à cette époque.

En septembre 1970, après une fin de semaine d'orientation où le FLF se définit clairement comme féministe, socialiste et indépendantiste, les francophones décident d'expulser les anglophones du groupe. Même si le FLF et le MWLM (Montreal Women's Liberation Movement) occupent encore les mêmes locaux de la rue Ste-Famille (!), les contacts sont rompus entre les deux groupes et le fossé s'accentuera à la suite des événements d'octobre 1970, qui accéléreront la cristallisation des divergences sur la question nationale.

De plus, la réorganisation de l'automne 1970 allait s'effectuer de façon assez paradoxale. Pour réagir à la répression qui s'abat sur le Québec au moment de la crise d'octobre, le FLF se veut un mouvement fort et cohérent en même temps que décentralisé. Plusieurs projets différents coexistent en son sein, tous soutenus par une conception de l'unité indispensable du mouvement des femmes québécoises. C'est ce qui conditionne le choix de la structuration en cellules, permettant à chacune de choisir parmi les projets sans remettre en cause l'unité organisationnelle.

Au départ, on retrouve trois cellules au FLF. La première s'occupe des actions-choc; c'est elle qui préparera l'intervention au procès de Paul Rose pour protester contre l'interdiction faite aux femmes de participer à un jury; c'est d'elle également qu'émanera l'idée de la manifestation au Salon de la femme en 1971. De plus, des membres de cette cellule participeront à des occupations de tavernes au cours des années 70-72. Les deux autres cellules s'occupent de questions plus délimitées, comme l'avortement et les garderies.

La coordination devait d'abord s'effectuer par le biais des assemblées générales, mais très rapidement, les contacts s'établissent par l'intermédiaire d'un bulletin de liaison, puis par des comités de coordination. Finalement, l'essentiel de la concertation entre cellules s'effectuera sur la base de rapports interpersonnels qui passent par un réseau de socialité et rendent très difficile l'intégration de nouvelles militantes.

D'ailleurs, en ce qui concerne la formation et le recrutement, le fonctionnement du FLF est des plus déficients. On véhicule la même conception de la formation que les groupes politiques mixtes; il s'agit de discussions autour de certains textes des féministes américaines, de Simone de Beauvoir et surtout d'Engels. En même temps, dans les cellules, on pratique certaines formes d'auto-conscience, mais de façon sporadique et incomplète, le discours sur les problèmes du vécu de chacune se trouvant censuré par la double allégeance à la gauche et au féminisme. Quant au recrutement, on procède à des réunions larges avec les femmes intéressées et après quelques séances, on les invite à se joindre à une cellule ou à en former de nouvelles.

Le Centre des femmes a été la première organisation qui ait tenté de définir avec précision le rôle des femmes et des féministes dans le combat anticapitaliste. Les conceptions se précisent, les analyses s'affinent. Ceci est dû autant à l'évolution du mouvement féministe qu'à l'évolution du contexte dans lequel il œuvre. L'extrême-gauche constituant le principal point de référence politique du néo-féminisme, son évolution permet d'expliquer en partie celle du Centre des femmes.

Le courant nationaliste radical se meurt en octobre 1970 et se disperse dans deux directions. Une partie, dont Vallières est le représentant le plus connu, rejoint le Parti québécois et met en veilleuse une optique de transformation sociale pour donner la priorité à l'indépendance puis à la souveraineté-association. Une deuxième composante opte pour l'implantation dans les masses populaires et commence à recourir au marxisme comme outil d'analyse de la société. Travaillant d'abord dans les quartiers défavorisés, puis s'orientant vers la classe ouvrière et les syndicats, ce courant éprouvera le besoin de se définir par rapport aux grandes tendances du mouvement ouvrier international et s'alignera de plus en plus sur les positions de la Chine maoïste. À l'origine populiste, l'extrême-gauche évoluera progressivement vers un léninisme dogmatique pour finalement se stabiliser dans le dogme mao-stalinien. Tant que durera ce processus, le courant féministe marxiste se considérera partie prenante de l'extrême-gauche et interviendra conséquemment dans ses débats.

Cette intervention commencera par un règlement de compte avec le passé, donc avec le FLF, ses «incohérences» et ses incertitudes.

> Le FLF était mort après avoir discrédité le féminisme. Il avait soulevé plusieurs questions qui restaient toujours sans réponse. Des militantes qui y avaient mis beaucoup d'énergies étaient complètement démobilisées, ou niaient désormais la nécessité d'un regroupement de femmes[2].

Cette critique du FLF a donné lieu à une série d'affirmations péremptoires. D'une part, il fallait justifier haut et fort la nécessité d'une organisation autonome de femmes pour que les femmes puissent se mobiliser à la fois contre le capitalisme et le patriarcat. D'autre part, la tâche de cette organisation était de préciser l'aspect féministe du programme de la révolution socialiste. C'est dans ce cadre que *Québécoises deboutte!*, le journal du Centre des femmes, se considérait comme un des journaux de l'extrême-gauche[3] et qu'il ne se limitait pas aux thématiques strictement féministes mais interrogeait également le socialisme.

Pour ce faire, il avait comme objectif d'articuler et d'analyser la dynamique anticapitaliste de la lutte des femmes, montrer comment le féminisme pouvait devenir une composante du mouvement révolutionnaire prolétarien. Dans un premier temps, on postulait que la libération des femmes ne peut s'accomplir sans bouleversement en profondeur des structures sociales existantes.

> [...] nous ne concevons sûrement pas le mouvement des femmes comme une organisation isolée menant une lutte indépendante de la lutte des travailleurs [...] C'est qu'un mouvement des femmes peut justement servir «à faire de la lutte des femmes une revendication de la classe ouvrière» [...] En fait reste à créer le féminisme révolutionnaire québécois, un féminisme qui lutterait pour la fin de la discrimination exercée envers les femmes au niveau politique, économique, social et culturel. Et cette lutte implique *nécessairement comme objectif premier* un changement radical de la société québécoise[4].

Dans un deuxième temps, on réaffirmait que s'il ne peut y avoir libération des femmes sans transformation radicale de la société, le socialisme n'implique pas nécessairement la libération des femmes. Par conséquent, celles-ci ont besoin de s'organiser de façon autonome afin d'assurer que leurs revendications ne soient pas oubliées par le mouvement révolutionnaire.

> Nous ne voulons pas voir au Québec ce qui s'est fait dans d'autres pays: la construction d'un socialisme où les besoins ont été définis par les hommes et en fonction des hommes principalement. C'est pour cette raison que depuis deux ans des femmes commencent à se regrouper pour analyser leur oppression, définir leurs revendications et pour intégrer cette lutte à la lutte des travailleurs québécois[5].

Aussi l'adversaire est-il clairement identifié: «notre lutte n'est donc pas dirigée contre les hommes mais contre tous ceux et celles qui veulent maintenir le système d'exploitation capitaliste et patriarcal[6]».

Ceci implique donc un début d'analyse de l'insertion du patriarcat dans le capitalisme. À cet égard, le Centre des femmes reprend, sans la questionner, la démarche d'Engels, considérée tant par l'extrême-gauche que par les féministes marxistes de l'époque au Québec, comme la quintessence de l'analyse marxiste de l'oppression des femmes.

> Le capitalisme vient donc supporter le patriarcat qui le sert si bien. Il n'a aucun intérêt à ce que les rapports sociaux fondés sur une oppression millénaire se transforment. Tout au plus, peut-il accepter des «réformettes», style droit de vote qui viennent simplement masquer les causes réelles de l'oppression des femmes. C'est-à-dire la division économique des rôles sur une base sexuelle, division à l'origine de toutes les oppressions et soutenues par la suite par tous les systèmes d'exploitation[7].

Cette adhésion au marxisme a mené certaines femmes de formation universitaire, gravitant autour du Centre des femmes, à procéder à une analyse socio-économique du travail ménager. Les militantes du Centre en ont tiré la conclusion suivante:

> L'étude du rôle de la ménagère nous amène à voir encore mieux comment son exploitation est intimement liée à l'exploitation des travailleurs et comment la lutte des femmes doit nécessairement être liée à celle des travailleurs pour arriver à une révolution sociale authentique[8].

Ce courant aura donc tendance à limiter le champ d'investigation de la pensée féministe à la seule sphère économique et plus particulièrement à la critique du capitalisme, la notion de patriarcat ne recouvrant que la réalité du travail ménager. Il n'est donc pas surprenant de constater que le féminisme y soit rapidement ramené à sa seule dimension anticapitaliste.

> Le féminisme, pour nous, c'est la lutte révolutionnaire contre l'exploitation des femmes, plus spécifiquement celles de la classe ouvrière, dans le système capitaliste. La lutte féministe implique la lutte pour le renversement du capitalisme afin de mettre sur pied un pouvoir prolétarien (hommes et femmes). Dans ce sens, la lutte féministe est intimement liée dans ses objectifs à celle de la classe ouvrière. Pour mener ces luttes les féministes s'organisent de façon autonome pour mieux mettre de l'avant leurs intérêts[9].

La contribution du Centre est un peu plus intéressante en ce qui concerne le principe de l'autonomie du mouvement des femmes. Si dans la formulation des enjeux de la lutte des femmes, le Centre ne fait que reprendre les analyses de l'extrême-gauche, par contre, il clarifie singulièrement la conception de «mouvement autonome».

> Le principe de l'autonomie dans la lutte des femmes. Les femmes sont victimes d'une exploitation spécifique, donc nécessité de moyens spécifiques pour mener la lutte. Le Centre est le premier groupe à décider de travailler comme ça. Le Centre est un témoignage que l'autonomie n'est pas une entrave au travail politique et que cette autonomie a permis de rejoindre des femmes qui ne seraient jamais allées militer dans des groupes mixtes progressistes[10].

Pour mettre sur pied ce mouvement autonome, le Centre a essayé d'appliquer les conceptions organisationnelles développées par Lénine dans *Que faire?*, que l'extrême-gauche québécoise commençait à découvrir. Ces conceptions se traduisaient au Québec en deux principes, relevant plus de recettes infaillibles que de l'analyse politique: le journal et les noyaux de base. *Québécoises deboutte!* était conçu par le Centre comme le moyen privilégié de développer la prise de conscience féministe.

Jusqu'en 1976, le FLF et le Centre des femmes ont tenté d'inscrire le féminisme dans le champ politique. Pourtant, ce rapport à la politique n'a jamais été assumé comme tel puisqu'il ne s'agissait pas de faire éclater le champ de la politique traditionnelle, mais plutôt de se situer à la remorque de l'extrême-gauche. Dans le même temps, le féminisme radical élargissait son audience, capitalisant sur les doutes et les ruptures essentielles mais s'avérant tout aussi incapable d'offrir un regard neuf sur le politique.

> Depuis le début du nouveau féminisme en 1969 nous avons eu peur d'affirmer bien haut la justesse de notre lutte, nous nous sentions coupable de la balbutier et nous avons toujours rassuré, calmé les esprits mâles et marxistes, en acceptant leur vision de la lutte, en conséquence reléguant la nôtre au second plan[11].

Cette réserve dans le dialogue justificatoire avec l'extrême-gauche provoquera une dérive où les balises s'estomperont une à une, à mesure que se préciseront les refus, sans que s'établissent les certitudes. J'ai déjà abordé cette période du mouvement en parlant d'une double recomposition autour des collectifs et de la lutte pour l'avortement. Il s'agit maintenant d'en voir les implications.

1976 marque également un reflux en ce qui concerne la reconnaissance du mouvement. Alors qu'en 1975, le 8 mars avait été préparé conjointement par les centrales syndicales, les groupes de femmes et certaines composantes de l'extrême-gauche, l'année suivante, les féministes se voient spoliées de leur seule apparition au calendrier révolutionnaire. Finie l'unité! Les centrales syndicales et les principales organisations d'extrême-gauche se sentent suffisamment fortes pour organiser le 8 mars à leur manière: économiste pour les premières, car seuls comptent les problèmes des femmes sur le marché du travail; idéologistes pour les secondes, qui en font l'occasion d'une ode à Staline. Aussi a-t-on affirmé haut et fort la nécessité du féminisme, avec des arguments empruntés au féminisme radical.

> Nous femmes, avons toujours lutté et continueront de lutter contre ceux qui nous utilisent, contre cette société

> phallocrate et capitaliste de classes, contre la reproduction des rapports de production comme de ceux du pouvoir sexiste. Nos enfants et nous ne sommes pas la chair à canon ou une main-d'œuvre d'appoint ni pour les bourgeois, ni pour la révolution. Aux gens de droite nous disons: merde, tandis qu'à la gauche nous disons: nous sommes vos égales, engagées nous aussi dans la lutte contre un ennemi commun, bourgeois et sexiste, nous combattons contre les rapports du pouvoir mâle/femelle, ne l'oubliez pas[12].

C'est d'ailleurs à travers une compréhension différente du féminisme, sous l'influence des thématiques du courant radical, que le mouvement québécois va réussir à quitter l'ombre de la gauche et à abandonner le marxisme comme référent principal. Le journal *Les Têtes de pioche* jouera un rôle non négligeable dans cette réorientation du féminisme et dans sa capacité d'appréhender différemment le politique.

Au départ, le projet est loin d'être clarifié et c'est d'abord la volonté de produire un journal lieu de débat, reflet des démarches[13]. Certaines femmes du collectif se définissent plutôt comme féministes marxistes, alors que d'autres se reconnaissent dans les idées développées par le féminisme radical américain. Ce n'est qu'avec l'élargissement du collectif, à l'été 1976, que les problématiques différentes vont s'affirmer et s'affronter. Ainsi, dans le numéro 7, on voit apparaître côte-à-côte un article en faveur du féminisme radical et un autre en faveur du féminisme marxiste. À partir du numéro suivant, les féministes radicales, qui ont décidé d'expulser les marxistes du collectif, essaieront de clarifier la situation.

> Il est clair que plusieurs des discussions que nous avions eues lors des premiers mois d'existence du journal, n'ont jamais été menées à terme. La venue de nouvelles collaboratrices n'a fait que polariser des prises de positions qui, au cours des quelques semaines qui suivirent, devinrent irréconciliables, à savoir: la lutte des femmes est-elle un appendice de la lutte des classes (une parmi tant d'autres), ou est-elle la lutte politique fondamentale que les femmes doivent mener pour que cesse leur *oppression* et leur *exploitation*. Suite à l'impossibilité de faire une unanimité qui nous aurait permis de continuer un travail d'analyse et de recherche, où il est pris pour acquis que c'est par la lutte des femmes que nous sommes principalement concernées, nous avons pris l'initiative de la rupture[14].

Après cette mise au point, les articles de fond disparaissent presque du journal. Toutefois, la prise de position du journal dans les débats qui traversent à ce moment-là l'ensemble des collectifs est assez importante. Cette émergence d'un lieu de diffusion des idées féministes radicales allait forcer les autres groupes à se définir plus clairement. C'est, entre autres, cette prise de position qui a accéléré le dépassement de la culpabilité vis-à-vis de la gauche mixte.

Développer des alternatives politiques

L'orientation des collectifs féministes vers des pratiques alternatives date de la fin des années 70. Car on ne peut pas vraiment parler des services mis sur pied par les groupes de femmes comme participant d'une pratique alternative: l'aspect «service», la relation d'aide aux usagères n'a pas été véritablement remise en cause et, dans ce sens-là, les pratiques féministes ne se différencient pas tellement, au niveau structurel, de celles de l'État, puisque la relation de dépendance entre usagères et dispensatrices du service ne s'estompe pas, comme on l'a vu précédemment.

Les pratiques alternatives, au contraire, arrêtent de reporter le changement aux lendemains qui chantent (ou qui déchantent), pour imposer dans l'immédiat une vision de ce que pourrait être une société organisée sur des bases différentes. De telles pratiques vont dans le sens de la prise en charge par les personnes concernées de leur propre existence. Elles procèdent de la même logique que les zones libérées des stratèges de la guérilla.

Bien sûr la marge est étroite. Entre le discours officiel, le «welfare state» en voie de révision et le mouvement ouvrier traditionnel, on a pu voir l'apparition d'un espace ouvert à l'innovation sociale, espace occupé d'abord par les services et qui, peu à peu, s'est élargi à d'autres modalités de conscientisation.

L'apparition à Montréal et à Québec de centres d'avortement gérés par les femmes, si elle témoigne d'une nouvelle radicalité d'un mouvement qui refuse de voir ses luttes récupérées par les cliniques Lazure, montre également que les pratiques alternatives ne peuvent se développer durablement dans les interstices du pouvoir que s'il existe une mobilisation massive et large se solidarisant avec ces initiatives et prévenant la répression.

Car la fonction de la mobilisation autour de l'avortement et de son extension à divers secteurs sociaux, c'est principalement de construire une légitimité de masse aux initiatives des secteurs les plus radicaux du mouvement, d'empêcher que l'expérimentation sociale soit écrasée par les coups de boutoir de la répression. De la même façon que l'existence de NOW (National Organization of Women) aux USA a permis, par l'extension sociale d'une certaine réflexion sur la condition des femmes, l'affinement des positions politiques féministes, allant jusqu'au féminisme radical, l'existence d'une coordination nationale pour l'avortement libre et gratuit, regroupant des syndicats, des groupes populaires, des groupes de planning familial et des collectifs féministes, a permis d'offrir une caution de masse à une prise en charge de la pratique de l'avortement par les femmes.

D'autres types de pratiques alternatives auraient eu intérêt à se développer car, au fil des ans, le féminisme a eu tendance à se réduire à la seule lutte pour l'avortement. Or l'expérience passée a très clairement démontré que la réduction de la lutte des femmes à quelques revendications a rendu plus facile une absorption par le pouvoir et a contribué à une démobilisation importante. Le mouvement contre le viol semble avoir voulu s'orienter dans la direction des pratiques alternatives, quoiqu'il n'ait pas réussi à clarifier son rapport aux institutions dans sa façon de réagir au viol. Il aurait pu être possible de développer de telles pratiques en ce qui concerne les garderies, mais il n'est pas évident que cela ait constitué une préoccupation majeure du mouvement.

L'importance des pratiques alternatives consiste fondamentalement à montrer que «tout est possible», que le contrôle institutionnel sur la vie sociale est un produit historique et non le principe immanent de toute organisation sociale. Dans ce sens, de telles pratiques, développées systématiquement, auraient pu multiplier l'impact du féminisme et lui permettre de sortir de son isolement social et de se recomposer sur de nouvelles bases. Mais le mouvement des «Yvette» a marqué un tournant en effrayant les composantes plus «égalitaires», et on assiste de plus en plus à une remise en cause des acquis de nos luttes récentes.

L'explosion du verbe

Rappelons que, dans un premier temps, la politique du féminisme se déroule dans l'ombre de la gauche avec ce que ça implique en termes de référents politiques —insistance sur l'exploitation, victimisation — et organisationnels —centralisation, conception de l'avant-garde. Par ailleurs, il y a la tentation de fonctionner à l'intérieur du système politique comme groupe de pression à l'instar des autres composantes du mouvement des femmes. Ce processus apparaît assez clairement lorsque les collectifs féministes ont tendance à se transformer en groupes à enjeu unique (avortement, viol, femmes battues, etc.) dont l'horizon politique semble se restreindre à la seule question dont ils ont choisi de s'occuper.

Il y a un autre phénomène, à l'œuvre principalement dans la deuxième moitié des années 70, c'est la constitution d'un espace politique féministe, très difficile à cerner puisqu'il s'exprime rarement dans des lieux précis mais se traduit par une volonté de libération par la parole. L'impression qu'on peut en avoir de l'extérieur en est une de cacophonie totale avec quelques lieux bien repérables où elle laisse des traces (dans ces journaux, dans ces textes, ce n'est déjà plus la parole, plutôt sa version transformée, épurée et non éphémère). Par contre, de l'intérieur, c'est une formidable explosion libératrice; la victimisation fait place à la création.

Dans ce contexte, la parole devient une façon d'être au monde sans se l'approprier. Par la parole, des femmes se posent comme sujet, comme leur propre référent et, à travers la parole, se reconnaissent et pensent le monde. La parole devient un mode d'apparition, de co-naissance, d'irruption dans la sphère publique. On en revient au sens premier du politique comme lieu du dialogue, de la connaissance par rapport à soi et aux autres.

La parole libérée qui surgit de nulle part et de partout à la fois devient force libératrice. Nommer permet de comprendre et d'interagir. À première vue, cela peut apparaître comme une dépolitisation, dans le sens où les projets globaux disparaissent et où il y a une prégnance de l'ici et du maintenant. Mais cela est également gestation, mode d'invention du nouveau, découverte des possibles. L'espace et le temps se dilatent et la parole commune permet d'entrevoir les rêves.

Ce courant créatif s'est cristallisé dans certains lieux. Ainsi, la Maison des femmes de Montréal a fourni un espace public à des prises de parole individuelles et a constitué un lieu d'échange et de débat. En même temps, parce que la parole est du domaine de l'éphémère, elle a laissé très peu de traces. De même, les fêtes, qui étaient assez fréquentes à la fin des années 70, fournissaient un lieu de mise en commun et d'échange en même temps qu'un lieu de diffusion de la création de certaines femmes.

On a pu en avoir des échos dans les journaux féministes également. *Les Têtes de pioche* et *Des luttes et des rires de femmes* ont parfois servi de lieux de parole. Les livres-témoignages sont apparus; mais l'écrit fige la parole et surtout en décale l'aspect dialogique. Le théâtre a été un médium privilégié de diffusion de cette parole en dehors des milieux féministes. Sous des dehors «culturels», une nouvelle approche du politique essayait d'émerger. Mais le «réalisme» des années 80 allait rogner les ailes de cette explosion créative. Le contexte n'était déjà plus à l'exploration et à l'alternative: on voyait poindre l'efficacité et le pragmatisme, y compris dans les réseaux féministes. L'explosion créatrice fut ravalée au rang d'utopie ou de déviance culturelle et le politique dut s'exprimer d'une autre façon.

L'affirmation lesbienne comme repolitisation

La transformation majeure qui a affecté le mouvement au cours des dernières années reste cependant, comme c'est d'ailleurs le cas dans certains pays européens, l'affirmation du lesbianisme comme courant politique à la fois à l'intérieur et à l'extérieur du féminisme. J'ai déjà parlé de l'importance numérique des lesbiennes à l'intérieur des groupes féministes; j'aborderai maintenant la signification de l'affirmation lesbienne radicale pour le mouvement des femmes.

Dans un premier temps, il est important de mentionner que le féminisme a favorisé le développement du lesbianisme, entendu non pas comme choix sexuel mais comme identification aux femmes. On peut dire également que l'apparition d'un courant lesbien radical à la fin des années 70 a permis que se pose politiquement la question lesbienne à l'intérieur du féminisme, alors que les débats précédents s'étaient largement limités aux préférences sexuelles.

Aussi doit-on voir dans le lesbianisme une résistance à l'ordre patriarcal, qui s'appuie sur la contrainte à l'hétérosexualité. Il n'est pas question pour moi d'inverser l'injonction sociale, mais en même temps il faut reconnaître tout le potentiel de rébellion à l'intérieur du lesbianisme qui approfondit (radicalise) certaines composantes du féminisme, comme le souligne Adrienne Rich:

> Quand on interpelle l'institution elle-même, de surcroît, on commence à entrevoir l'histoire d'une résistance féminine qui ne s'est jamais bien comprise elle-même parce que trop fragmentée, mal nommée, gommée. Ce n'est que grâce à une approche courageuse des niveaux économiques et politiques, tout autant que de l'aspect culturel et de propagande, de l'institution hétérosexuelle que nous parviendrons à acquérir, au-delà des cas particuliers ou des situations spécifiques aux divers groupes la vue globale et complexe qui est nécessaire si l'on veut défaire le pouvoir que partout les hommes exercent sur les femmes, pouvoir qui est devenu partout le modèle de toutes les autres formes d'exploitation et de contrôle[15].

Dans ce cadre, il apparaît que poser la question lesbienne permet une politisation/repolitisation du féminisme à partir de son point d'origine (le privé est politique), non pas au détriment du caractère intime de notre vie privée, comme cela avait souvent été le cas, mais dans le sens de la subversion de l'institution hétérosexuelle comme moyen de contrôle des hommes sur les femmes. Il s'agit donc d'actualiser une révolte individuelle et collective et d'en faire une force de critique sociale radicale.

L'apport le plus important du lesbianisme à la libération des femmes me semble consister dans sa valorisation des femmes comme individues. C'est seulement la composante lesbienne du féminisme qui, à l'intérieur de celui-ci, a posé la question de l'identité des femmes comme quelque chose qu'il faut cesser de construire en référence à l'univers masculin. En s'identifiant aux femmes, comme êtres potentiellement en révolte, les lesbiennes actualisent une des modalités possibles de la révolte. Dès 1970, le groupe Radicalesbians, aux USA, soulignait que «une lesbienne, c'est la rage de toutes les femmes concentrée jusqu'au point d'explosion[16]». Par ailleurs, cette identification aux femmes, et l'amour des femmes qu'elle entraîne, est une preuve que ce sont des êtres qui méritent d'être aimés, tout en contribuant à dépasser la conception des femmes telle que développée par la société patriarcale, qui en fait les appendices des hommes. C'est dans ce sens que le même texte mentionne que «seules les femmes peuvent se donner de l'une à l'autre un nouveau sens de l'identité. Cette identité, nous devons la développer en référence à nous-mêmes et non par rapport aux hommes[17]».

Notes

1. Voir *Beyond the Fragments,* Londres, Merlin Press, 1979.
2. Le Centre des femmes, «Qu'est-ce que le Centre des femmes?» dans Véronique O'Leary et Louise Toupin, *Québécoises deboutte!* tome 2, Montréal, les Éditions du remue-ménage, 1983, p. 80.
3. Lors d'une entrevue réalisée pour ma thèse, une ex-militante du Centre des femmes m'a même déclaré que *Québécoises deboutte!* était le journal de gauche le plus vendu à l'époque.
4. Le Centre des femmes, «Pour un féminisme révolutionnaire» dans Véronique O'Leary et Louise Toupin, *op. cit.,* p. 51. C'est moi qui souligne.
5. *Ibid.,* p. 50.
6. *Ibid.*
7. *Ibid.*
8. Le Centre des femmes, «Les ménagères» dans V. O'Leary et L. Toupin, *op. cit.,* p. 113.
9. Le Centre des femmes, «Bilan du Centre des femmes» dans Véronique O'Leary et Louise Toupin, *op. cit.,* p. 156-157.
10. *Ibid.,* p. 174.
11. Raymonde Lorrain, «Autonomie» dans *Les Têtes de pioche,* Montréal, les Éditions du remue-ménage, 1980, p. 70.
12. Le Collectif, «Éditorial» dans *Les Têtes de pioche, op. cit.,* p. 22.
13. L'éditorial du premier numéro est significatif à cet égard.
14. *Les Têtes de pioche,* vol. 1, no. 8, décembre 1978.
15. Adrienne Rich, «La contrainte à l'hétérosexualité et l'existence lesbienne» dans *Nouvelles questions féministes,* n° 1, p. 42.
16. *«The Woman Identified Woman»* dans Koedt, Levine et Rapone (dir.), *Radical Feminism,* New York, Quandrangle, 1973, p. 240 (ma traduction).
17. *Ibid.,* p. 245.

CONCLUSION

Le féminisme des années 70 n'est plus. Mais il faut chercher derrière cette banalité ce qui a contribué à sa disparition. Trois facteurs me semblent devoir être pris en considération: d'abord, le changement politique général et la disparition des projets sociaux d'ensemble, ensuite, la récupération institutionnelle, enfin, la disparition du radicalisme, du fait de son insertion dans un lesbianisme qui se dissocie de plus en plus du féminisme.

Les années 80

On a déjà beaucoup glosé sur les années 80 comme nouvelle phase de conservatisme; il faudrait plutôt les aborder comme étapes du «no future». Sur fond de crise économique —tout en n'oubliant pas qu'au Québec elle est endémique depuis la fin des années 60— la «crise» en est d'abord une de projets de société. En fait, on assiste à une fragmentation de l'univers social dans les sociétés occidentales et à un éclatement des visions cohérentes et intégrées de la totalité sociale. Le XIXe siècle nous avait laissé deux conceptions du monde fortement orientées vers l'avenir: le libéralisme, comme pensée de l'intérêt général qui se forme à partir de multiples intérêts particuliers en les transcendant, tout en concevant un développement économique illimité, d'une part, et d'autre part, le marxisme, préparant l'avenir radieux de l'humanité sous la tutelle protectrice d'un prolétariat conçu comme émancipateur universel.

Les deux pensées, les deux faces d'une même pièce ont éclaté, le marxisme sortant définitivement éreinté de l'effet combiné des événements du Cambodge et de la réorganisation industrielle des pays de l'OCDÉ, qui réduit la classe ouvrière traditionnelle à une peau de chagrin. Le libéralisme, quant à lui, avait déjà presque rendu l'âme durant l'autre «grande crise», celle des années 30.

Ce qu'on voit émerger, dans ce contexte, ce sont justement les intérêts particuliers d'une société qui a toujours été objectivement fragmentée, même si elle essayait de dépasser cette fragmentation dans son imaginaire et de se construire une unité mythique qui lui permettait de se projeter dans l'avenir. Ainsi, les années 60 et 70 ont amené la multiplication des particularismes prétendant s'ériger en unités imaginaires et rencontrant par la suite des obstacles sur ce parcours. Au Québec, cela a pris la forme de l'éclatement du projet national, de la disparition du mouvement syndical comme agent de transformation sociale et de l'effondrement d'une vision «modernisante» des femmes.

Le projet national, qui avait constitué le principal enjeu de mobilisation collective au Québec dans les années 60 et 70, a essuyé au début des années 80 une série de défaites majeures. D'abord, bien sûr, la défaite référendaire, qui repoussait aux calendes grecques toute solution politique au problème national québécois. Ensuite, le rapatriement de la constitution canadienne dans un contexte d'isolement du Québec, ce qui a favorisé la dynamique centralisatrice de l'État fédéral. Et finalement, l'abandon par le Parti québécois de ce qui faisait sa raison d'être. Non seulement, le projet national se retrouve-t-il orphelin en termes organisationnels, mais l'unité de la nation est remise en cause et le projet collectif, délesté de son contenu unifiant.

Le mouvement syndical, qui au cours des années 70 avait constamment tenté d'étendre son hégémonie sur les mouvements de transformation sociale, s'est lui aussi buté à des obstacles de taille. D'abord, son déclin manifeste au sein du groupe qu'il est censé représenter, les salariées-és. Ensuite, son inaptitude à affronter les changements majeurs qui affectent l'organisation du travail: changements technologiques, généralisation du travail précaire, etc. Enfin, son incapacité d'articuler un projet pour l'ensemble de ses membres et l'apparition de multiples particularismes à l'intérieur de ses rangs: jeunes/vieux, hommes/femmes, secteur privé/secteur public, emplois précaires/permanents, etc. La manifestation la plus évidente de cette crise a été la négociation du secteur public en 1982-1983 quand, d'une part, le gouvernement a réussi à présenter les syndicats comme des organismes purement corporatistes, incapables d'articuler les intérêts de leurs membres à l'intérêt général et, d'autre part, les divers groupes n'ont pu s'entendre sur une stratégie commune, la négociation et les moyens de pression s'effectuant secteur par secteur.

En ce qui concerne le mouvement des femmes, on assiste à une remise en cause d'une vision «modernisante» des femmes. À cet égard, le mouvement des «Yvette» est déterminant. L'image de l'émancipation par le travail rémunéré et l'insertion dans la logique marchande s'estompe au profit d'une revalorisation des activités féminines traditionnelles. La ménagère refait son apparition comme figure centrale du mouvement des femmes, non comme symbole de l'oppression comme cela avait été le cas dans les années 70, mais comme rôle à revaloriser dans tous les sens du terme. L'AFÉAS s'intéresse au dossier des femmes collaboratrices et des ménagères, alors que le Conseil du statut de la femme entreprend, dans le cadre de ses recherches sur la production domestique, de la réhabiliter comme production sociale, et de ne plus faire des ménagères les parias de la société marchande.

Les récupérations institutionnelles

Au-delà de la modification du contexte politico-social, il importe de souligner que le féminisme a cessé de se développer comme théorie liée à une pratique sociale, pour commencer à se cristalliser comme discipline universitaire trouvant son terrain de vérification non pas dans la pratique militante mais dans l'efficacité à l'intérieur de l'institution. Au féminisme comme théorie en construction à partir de l'élargissement et l'approfondissement de la conscience de femmes impliquées activement dans un processus de transformation individuelle et sociale, commence à se substituer une «science» féministe ou un cadre d'analyse, qui a autant de rapport avec les femmes que la «science prolétarienne» a pu en avoir avec le prolétariat.

Le processus d'académisation du féminisme a beaucoup contribué à le vider de sa substance. Une des caractéristiques essentielles de ce féminisme universitaire, c'est qu'il ne tente pas de découvrir de nouveaux champs d'application de la réflexion féministe, mais qu'il essaie plutôt de se constituer comme théorie sur la théorie, c'est-à-dire de disséquer les réflexions théoriques militantes afin de les adapter aux critères du monde académique. Ce faisant, on banalise le féminisme et on contribue à l'inscrire dans le paradigme positiviste, toujours dominant à l'intérieur du monde académique.

Ceci était peut-être inévitable dans le contexte québécois, puisque le féminisme y a été peu réfléchi et que nous avons plutôt eu tendance à importer des théories, en nous interrogeant peu sur les rapports nouveaux que nous voulions et pouvions instituer entre théorie et pratique en dehors des fausses dichotomies de la pensée masculine. Il est significatif que la réflexion théorique ait été très limitée dans le féminisme militant. De fait, il ne semble y avoir existé que deux tentatives suivies de systématisation théorique.

D'abord, il y a eu l'expérience du journal *Les Têtes de pioche,* qui s'est poursuivie de 1976 à 1979. Comme je l'ai déjà mentionné, ce journal, à partir d'une perspective féministe radicale, s'est voulu un lieu de réflexion sur la réalité des femmes au Québec. Certaines de ses analyses ont effectivement contribué à faire avancer le mouvement et le journal a joué un rôle non négligeable dans la diffusion du féminisme radical au Québec. Cependant, le rapport théorie/pratique qu'il véhiculait était on ne peut plus traditionnel. La théorie servait de lunette d'approche à la réalité sociale mais aussi d'œillères. Très rapidement, le journal est devenu répétitif, incapable qu'il était de nourrir et renouveler sa réflexion.

À cet égard, l'expérience de *Des luttes et des rires de femmes* (1977-1981) s'avère extrêmement riche en même temps que relativement méconnue. Au départ, le projet était de faire circuler l'information entre les divers collectifs du mouvement autonome, mais à partir du moment où le journal a perdu son rôle de point de convergence des collectifs pour se transformer lui-même en collectif, il a contribué de façon significative à l'approfondissement de la réflexion féministe, et c'est probablement le lieu principal de développement d'une pratique de conscientisation à l'intérieur du mouvement.

L'essentiel des articles consistait en témoignages reflétant la diversité du vécu des femmes. Le processus d'élaboration des numéros, avec discussion publique autour du thème, permettait une mise en commun et amorçait une réflexion à partir du vécu, permettant d'en dégager certaines constantes. Cependant cette démarche s'est faite de façon empirique et, à partir du moment où le féminisme militant a commencé à s'effriter, le projet s'est étiolé car un tel processus de conscientisation était difficilement pensable en dehors de toute pratique militante. Le journal a donc cessé de paraître en 1981.

Une autre forme de récupération, c'est bien sûr la réduction du féminisme à une «liste d'épicerie» de revendications, qu'il s'agit d'ordonner selon un ordre de priorité et dont la mise en œuvre dépend de l'intrusion de certaines femmes dans les sphères du pouvoir politique. En fait, cette forme de récupération est à certains égards moins dangereuse que l'académisation, au sens où elle survient souvent après la disparition du féminisme comme mouvement, les institutions ayant l'habitude de ne récupérer les individues-us qu'après les avoir coupées-és de leur base sociale.

Le perte de radicalité

Un dernier facteur qui joue un rôle important dans la quasi-disparition du féminisme, c'est que la réflexion radicale a tendance à s'effectuer en dehors de ses rangs. Le renouveau du féminisme dans les années 70 et le développement d'une réflexion radicale dans le mouvement ont largement reposé sur les lesbiennes, qui se définissent désormais de plus en plus à l'extérieur du féminisme.

Il s'agit là d'un double processus. D'une part, des franges importantes du mouvement des femmes tendent à l'institutionnalisation et rejettent le lesbianisme, soit en le dépolitisant pour le transformer en affaire privée sinon en histoire d'alcôve, soit en marginalisant les lesbiennes parce qu'elles n'ont pas su prendre le tournant institutionnel à temps. D'autre part, des lesbiennes, insatisfaites de la tournure que prend le mouvement, assimilent le féminisme au mouvement des femmes et à son processus d'institutionnalisation, et en font donc un lieu dont il faut sortir si l'on veut maintenir vivante une critique sociale radicale.

À cet égard, il est intéressant d'examiner l'analyse des rapports entre féminisme et lesbianisme proposée par Danielle Charest dans *Amazones d'hier, lesbiennes d'aujourd'hui*. Dans son texte, elle introduit un rapport de linéarité temporelle entre féminisme et lesbianisme en soulignant, d'une part, que le féminisme permet à la fois de se redécouvrir lesbienne et de conférer un sens politique au lesbianisme, dans la mesure où il fournit un cadre d'analyse qui situe socialement des révoltes individuelles et, d'autre part, que le féminisme constitue une voie de garage réformiste, puisque son objectif central est de réaménager les rapports hommes/femmes sans remettre en cause la construction sociale de la masculinité et de la féminité.

Ce qui est embêtant dans cette analyse, ce n'est pas tant ce qu'elle dit que ce qui n'y figure pas. D'abord, le féminisme y est considéré comme figé et immuable, sorte d'institution empêtrée dans sa structure de pensée; l'histoire du féminisme, au contraire, nous montre son étonnante capacité de mutation, même s'il demeure vrai que nous vivons actuellement une période de reflux et de formalisation/réification, comme je l'ai déjà mentionné au sujet de la récupération académique. Ensuite, le lesbianisme y est appréhendé comme étant d'emblée doté d'un sens politique, comme s'il n'y avait aucun cheminement entre révolte individuelle et révolte collective, comme si le politique n'était pas le lieu du public, conçu comme mise en commun, ce qui implique échange et réflexion, et non simple juxtaposition des expériences individuelles.

Cette analyse se révèle utile comme constat empirique du passé mais laisse peu de place à une réflexion pour l'avenir. À mon avis, il faut rompre avec la linéarité chronologique et concevoir les rapports féminisme/lesbianisme sous le mode de la simultanéité et de l'interaction. Le féminisme crée l'espace public nécessaire à la politisation du lesbianisme, alors que le lesbianisme politique instaure une dimension critique apte à contrer la tentation assimilationniste fortement présente à l'intérieur du féminisme.

C'est à ce niveau qu'on ne doit pas percevoir la critique lesbienne dans un sens uniquement négatif pour le mouvement des femmes. Premièrement, la radicalité nous semble être une condition d'existence primordiale pour quelque mouvement social que ce soit. À cet égard, l'affirmation lesbienne et le refus de la féminité conçue comme envers symétrique de la masculinité constituent à notre époque un tournant aussi important que l'affirmation du caractère politique de la vie dite «privée» au milieu des années 60. En s'attaquant au système social de l'hétérosexualité obligatoire, le lesbianisme radical essaie effectivement de détruire les fondements mêmes du système qui opprime les femmes, au lieu de s'en tenir à la lutte contre les épiphénomènes du système (viol, autres formes de violence contre les femmes, etc.).

Deuxièmement, la radicalité, même si elle représente presque par définition un phénomène minoritaire, rend possible la progression de l'ensemble d'un mouvement. Le féminisme radical qui, au début des années 70, semblait relativement farfelu, a doté le mouvement des femmes d'un cadre d'analyse et de compréhension de l'oppression qui lui a permis d'effectuer des percées décisives dans les sociétés industrialisées occidentales.

Troisièmement, l'affirmation du lesbianisme radical exige que la question du lesbianisme et de l'hétérosexualité obligatoire soit posée en termes politiques et non en termes de préférences sexuelles — ce qui empêche tout débat — à l'ensemble du courant féministe. Cette affirmation fonde aussi la visibilité du lesbianisme comme composante essentielle d'un mouvement féministe à repenser et permet l'existence parallèle d'un mouvement lesbien.

Par ailleurs, je ne pense pas que comme lesbiennes nous ayons intérêt à nous dissocier du féminisme. Nous sommes au contraire dans une position privilégiée pour le radicaliser et nous avons besoin de sa radicalisation, car si notre existence politique comme lesbiennes a été menacée ou niée par certains développements du mouvement, notre existence individuelle est très dépendante de ce mouvement.

Ce qu'il s'agit pour nous de rétablir/établir, c'est la réalité du lesbianisme comme composante du féminisme. L'extériorité, sinon l'opposition, que le lesbianisme radical tend à établir entre lesbianisme et féminisme aboutit à un appauvrissement des deux pensées. Le lesbianisme a tendance à se transformer, soit en mouvement culturel, soit en une nouvelle forme de «nationalisme» tout aussi normatif que l'hétérosexualité, et ainsi, à nous faire perdre de vue que si nous sommes lesbiennes, c'est d'abord et avant tout parce que nous sommes des femmes rebelles. Le féminisme, de son côté, risque de disparaître du champ sociopolitique, pour se transformer en lutte atomisée de renégociation quotidienne des rapports hommes/femmes.

La colère et le refus, vécus non seulement comme théorie mais également comme substrats d'une pratique, sont essentiels au processus de transformation sociale. Nous avons à rendre possible l'existence lesbienne, au sens où l'entend Adrienne Rich, d'abord pour notre survie à la fois comme individues et comme groupe social, mais aussi pour la survie de toutes les femmes en révolte. La société patriarcale a été profondément modifiée au cours des dernières années. C'est le fruit des luttes des femmes mais également des réactions des hommes à ces luttes. Et ces modifications exigent un renouveau en profondeur du féminisme qui devra se fonder, tout en ne s'y limitant pas, sur l'existence lesbienne.

BIBLIOGRAPHIE

LIVRES ET TEXTES

ABBOTT, Sidney et Barbara Love. *Sappho Was a Right-on Woman*. New York, Stein and Day, 1978.

ALBACE, Edith H. *From Feminism to Liberation*. Cambridge, Schenknan Publishing Co., 1971.

ALZON, Claude. *La Femme potiche et la Femme bonniche*. Paris, Maspero, 1977.

BARRY, Francine. *Le Travail de la femme au Québec*. Montréal, Presses de l'Université du Québec, 1977.

BENSTON, Margaret. *The Political Economy of Women's Liberation*. Somerville, New England Free Press, 1969 (traduction française: «Pour une économie politique de la libération des femmes» dans *Partisans*, n°s 54-55 (juillet-octobre 1969), p. 23 à 31).

BERNSTEIN, Hilda. *For Their Triumph and For Their Tears*. Londres, Defense and Aid Publication, 1975.

BLAISE, Suzanne. *Des femmes de nulle part*. Paris, Tierce, 1981.

BOUCHER, Denise et Madeleine Gagnon. *Retailles*. Montréal, l'Étincelle, 1977.

BOUCHER, Denise. *Les fées ont soif*. Montréal, Intermède, 1978.

BROSSARD, Nicole. *L'Amèr*. Montréal, Quinze, 1977.

BROSSARD, Nicole. *Amantes*. Montréal, Quinze, 1980.

BROSSARD, Nicole. *La Lettre aérienne*. Montréal, les Éditions du remue-ménage, 1985.

CARISSE, Colette et Joffre Dumazedier. *Les Femmes innovatrices*. Paris, Seuil, 1975.

CARISSE, Colette. *La Planification des naissances en milieu canadien-français*. Montréal, Presses de l'Université de Montréal, 1964.

CARRIÈRE, Renée Colette. *La Condition féminine au Québec*. Texte polycopié, Département de criminologie, Université de Montréal, 1979.

CASGRAIN, Thérèse. *Une femme chez les hommes*. Montréal, les Éditions du Jour, 1971.

CENTRALE DE L'ENSEIGNEMENT DU QUÉBEC. *Manuel du 8 mars*. Édition spéciale de *Ligne directe,* 1976.

CENTRALE DE L'ENSEIGNEMENT DU QUÉBEC. *Face à la femme*. Texte polycopié, Québec, 1976.

CENTRE DE FORMATION POPULAIRE. *Le Mouvement des femmes au Québec*. Montréal, CFP, 1981.

CENTRE DE RECHERCHE SUR LA FEMME. *Analyse socio-économique de la ménagère québécoise*. Texte polycopié, Montréal, 1972.

COHEN, Yolande (dir.). *Femmes et politique*. Montréal, les Éditions du Jour, 1981.

COLLECTIF CLIO. *L'Histoire des femmes au Québec*. Montréal, Quinze, 1982.

CONFÉDÉRATION DES SYNDICATS NATIONAUX. *La Lutte des femmes, combat de tous les travailleurs*. Rapport du comité de la condition féminine au 47e congrès de la CSN, Montréal, 1977.

CONFÉDÉRATION DES SYNDICATS NATIONAUX. *La Lutte des femmes pour le droit au travail social*. Rapport du comité de la condition féminine au 49e congrès de la CSN, Montréal, 1978.

CONFÉDÉRATION DES SYNDICATS NATIONAUX. *Les femmes à la CSN n'ont pas les moyens de reculer*. Texte polycopié, Montréal, 1982.

CONSEIL DES AFFAIRES SOCIALES ET DE LA FAMILLE. *La Question de l'avortement*. Québec, l'Éditeur officiel, 1978.

CONSEIL DES AFFAIRES SOCIALES ET DE LA FAMILLE. *La Situation des familles québécoises*. Québec, ministère des Affaires sociales, 1978.

CONSEIL DU STATUT DE LA FEMME. *Pour les Québécoises: égalité et indépendance*. Québec, l'Éditeur officiel, 1978.

CONSEIL DU STATUT DE LA FEMME ET LABREV. *La Condition économique des femmes au Québec*. Québec, l'Éditeur officiel, 1978.

COORDINATION NATIONALE POUR L'AVORTEMENT LIBRE ET GRATUIT. *L'Avortement: la Résistance tranquille du pouvoir hospitalier*. Montréal, les Éditions du remue-ménage, 1980.

DALLA COSTA, Mariarosa et Selma James. *Le Pouvoir des femmes et la Subversion sociale*. Genève, Librairie adversaire, 1973.

DÉPATIE, Francine. *La Participation politique des femmes au Québec*. Étude pour la Commission royale d'enquête sur la situation de la femme au Canada, n° 10, Ottawa, Information Canada, 1971.

DION-OUELLET, Lise *et al*. *Recherche régionale sur la situation féminine dans la Gaspésie-Nord*. Texte polycopié, Mont-St-Pierre, 1980.

DOLMENT, Marcelle et Marcel Barthes. *La Femme au Québec*. Montréal, Presses libres, 1968.

DUCROCQ-POIRIER, Madeleine. *Les Femmes québécoises depuis 1960*.Paris, CNRS et Ottawa, Conseil des Arts du Canada, 1977.

DUMONT-JOHNSON, Micheline. *Histoire de la condition de la femme dans la province de Québec*. Rapport pour la Commission royale d'enquête sur la situation de la femme au Canada, polycopié, 1968.

DUPRAS, André et Réjean Tremblay. *Évaluation des programmes d'éducation en planning des naissances*. Fédération québécoise de planning des naissances, 1978.

EHRENREICH, Barbara et Deirdre English. *For Her Own Good*. New York, Anchor Books, 1978 (traduction française: *Des experts et des femmes*. Montréal, les Éditions du remue-ménage, 1982).

EISENSTEIN, Zillah R. (dir.). *Capitalist Patriarchy and The Case For Socialist Feminism*. New York, Monthly Review Press, 1979.

FÉDÉRATION DES TRAVAILLEURS DU QUÉBEC. *Travailleuses et syndiquées*. Montréal, 1973.

FÉDÉRATION DES TRAVAILLEURS DU QUÉBEC. *Le Combat syndical et les Femmes*. Montréal, 1979.

FIRESTONE, Shulamith. *The Dialectic of Sex*. New York, Bantam, 1972 (traduction française: *La Dialectique du sexe*. Paris, Stock, 1972).

FRABOTTA, Bianca Maria (dir.). *La Politica del Femminismo*. Rome, Savelli, 1976.

FRYE, Marilyn. *The Politics of Reality*. New York, The Crossing Press, 1983.

GAGNON, Lysiane. *Vivre avec les hommes*. Montréal, Québec-Amérique, 1983.

GAGNON, Lysiane. *Les femmes, c'est pas pareil*. Montréal, La Presse, 1976.

GAGNON, Mona-Josée. *Les Femmes vues par le Québec des hommes*. Montréal, les Éditions du Jour, 1974.

GEOFFROY, Renée et Paule Ste-Marie. *Le Travailleur syndiqué face au travail rémunéré de la femme*. Rapport pour la Commission royale d'enquête sur le statut de la femme au Canada, 1968.

GIERCF. *La Recherche sur les femmes au Québec*. Compte-rendu d'un colloque interdisciplinaire tenu à Montréal les 12 et 13 mai 1979, Montréal, 1979.

HAMILTON, Roberta. *The Liberation of Women*. Londres, George Allen and Unwin, 1978.

HAREL-CHIASSON, Francine. «La place des femmes dans la vie économique», communication au forum «Les femmes, une force économique insoupçonnée», Montréal, 29 octobre 1983.

HENRIPIN, Jacques et Évelyne Lapierre-Adamcyk. *La Fin de la revanche des berceaux*. Montréal, Presses de l'Université de Montréal, 1974.

HENRIPIN, Jacques et Jacques Légaré. *Évolution démographique du Québec et de ses régions*. Québec, Presses de l'Université Laval, 1969.

HENRIPIN, Jacques *et al*. *Les enfants qu'on n'a plus au Québec*. Montréal, Presses de l'Université de Montréal, 1981.

HOULE, Danielle. *Critique de l'orientation du FLF*. Montréal, texte dactylographié, non daté (probablement 1972).

JEAN, Michèle (dir.). *Québécoises du 20e siècle*. Montréal, Quinze, 1977.

KEOHANE, Nannerl O., Michelle B. Rosaldo et Barbara C. Gelpi (dir.). *Feminist Theory: A Critique of Ideology*. Chicago, University of Chicago Press, 1982.

KIRSCH, Chantal. *Les Fondements du sexisme*. Montréal, thèse de maîtrise en anthropologie, Université de Montréal, 1974.

KUHN, Annette et AnnMarie Wolpe. *Feminism and Materialism*. Londres, Routledge and Kegan Paul, 1978.

LANCTÔT, Martine. *Genèse et évolution du mouvement féministe à Montréal*. Montréal, thèse de maîtrise en histoire, Université du Québec à Montréal, 1980.

LAURIN-FRENETTE, Nicole. *Production de l'État et forme de la nation*. Montréal, Nouvelle Optique, 1979.

LAVIGNE, Marie et Yolande Pinard (dir.). *Les Femmes dans la société québécoise*. Montréal, Boréal Express, 1977 (2e édition augmentée et corrigée, *Travailleuses et féministes,* 1983).

LAZURE, Jacques. *La Jeunesse du Québec en révolution*. Montréal, Presses de l'Université du Québec, 1973.

LAZURE, Jacques. *Le Jeune Couple non marié*. Montréal, Presses de l'Université du Québec, 1975.

LEGAULT, Gisèle. *Condition féminine*. Polycopie du cours SVS 3220, Université de Montréal, Faculté des arts et sciences, École de service social, 1978-1979.

LEMIEUX, Denise et Lucie Mercier. *La Recherche sur les femmes au Québec*. Québec, Institut québécois de recherche sur la culture, 1982.

LONZI, Carla. *Sputiamo su Hegel*. Milan, Scritti di Rivolta Femminile, 1974.

MACCIOCCHI, Maria Antonietta (dir.). *Les Femmes et leurs Maîtres*. Paris, Christian Bourgois, 1978.

MARTINELLI, Alice. *Autocoscienza*. Milan, Scriti di Rivolta Femminile, 1975.

MESSIER, Suzanne. *Chiffres en main*. Québec, l'Éditeur officiel, 1982 (2e édition augmentée et mise à jour, *Les femmes, ça compte,* 1984).

MILES, Angela et Geraldine Finn (dir.). *Feminism in Canada*. Montréal, Black Rose, 1982.

MITCHELL, Juliet. *Woman's Estate*. New York, Vintage Books, 1973 (traduction française: *L'Âge de femme*. Paris, des femmes, 1975).

MORGAN, Robin (dir.). *Sisterhood Is Powerful*. New York, Random House, 1970.

O'BRIEN, Mary. *The Politics of Reproduction*. Londres, Routledge and Kegan Paul, 1981.

O'LEARY, Véronique et Louise Toupin. *Québécoises deboutte!*. Montréal, les Éditions du remue-ménage, tome 1, 1982, tome 2, 1983.

OGINO, Prudence. *L'Avortement, les Évêques et les Femmes*. Montréal, les Éditions du remue-ménage, 1976.

PAYETTE, Lise. *Le pouvoir? Connais pas!* Montréal, Québec-Amérique, 1982.

RAIF. *Livre rouge sur la condition féminine*. Bulletin du Réseau d'action et d'information des femmes, Québec, n°s 52-57 (décembre 1979).

REEVES-MORACHE, Marcelle. *Les Québécoises de 1837-1838*. Montréal, les Éditions Albert St-Martin, 1976.

REITER, Reyna R. (dir.). *Towards an Anthropology of Women*. New York, Monthly Review Press, 1975.

RICH, Adrienne. *Les Femmes et le Sens de l'honneur*. Montréal, les Éditions du remue-ménage, 1979.

ROBERTS, Helen (dir.). *Doing Feminist Research*. Londres, Routledge and Kegan Paul, 1981.

ROWBOTHAM, Sheila, Lynne Segal et Hilary Wainwright. *Beyond the Fragments*. Londres, Merlin Press, 1979 (traduction française partielle de la contribution de

Rowbotham, «Mouvement des femmes et lutte pour le socialisme» dans *Nouvelles questions féministes*, n° 2, p. 9 à 33).

ROWBOTHAM, Sheila. *Woman's Consciousness, Man's World*. Middlesex, Pelican Books, 1974 (traduction française: *Conscience des femmes, monde de l'homme*. Paris, des femmes, 1976).

ROWBOTHAM, Sheila. *Women, Resistance and Revolution*. Middlesex, Pelican Books, 1974, (traduction française: *Féminisme et révolution*. Paris, Payot, 1973).

ROY, Laurent. *Le Divorce au Québec: évolution récente*. Québec, ministère des Affaires sociales, 1979.

SAINT-JEAN, Armande. *Pour en finir avec le patriarcat*. Montréal, Primeur, 1983.

STANLEY, Liz et Sue Wise: *Breaking Out*. Londres, Routledge and Kegan Paul, 1983.

STEPHENSON, Marylee (dir.). *Women in Canada*. Toronto, New Press, 1973.

TANNER, Leslie (dir.). *Voices from Women's Liberation*. New York, Mentor, 1971.

TREMBLAY, Louis-Marie. *Idéologies de la CSN et de la FTQ*. Montréal, Presses de l'Université de Montréal, 1972.

VANDELAC, Louise (dir.). *L'Italie au féminisme*. Paris, Tierce, 1978.

VANDELAC, Louise *et al*. *Du travail et de l'amour*. Montréal, les éditions St-Martin, 1985.

WARE, Celestine. *Women Power*. New York, Tower, 1970.

WEINBAUM, Batya. *The Curious Courtship Between Women's Liberation and Socialism*. Boston, South End Press, 1978.

WOLF-GOLEMAN, Deborah. *The Lesbian Community*. Berkeley, University of California Press, 1979.

_____ . *Être exploitées*. Paris, des femmes, 1979.

_____ . *Les femmes s'entêtent*. Paris, Gallimard, 1975.

_____ . *Les Travailleuses et l'Accès à la syndicalisation*. Montréal, CSN, 1981.

_____ . *Manifeste des femmes québécoises*. Montréal, l'Étincelle, 1971.

_____ . *Papers on Patriarchy*. Brighton, Women's Publishing Collective, 1976.

_____ . *Rapport de la Commission royale d'enquête sur la situation de la femme au Canada*. Ottawa, Imprimeur de la Reine, 1970.

_____ . *Sans fleurs ni couronnes*. Montréal, Des luttes et des rires de femmes, 1982.

ARTICLES

ATKINSON, Ti-Grace. «Le nationalisme féminin» dans *Nouvelles questions féministes*, n°s 6-7 (printemps 1984), p. 35 à 54.

AUBENAS, Jacqueline. «Les femmes et la politique» dans *Les Cahiers du GRIF*, n° 6 (mars 1975), p. 5 à 23.

BEAULNE, Marie. «Où en est le mouvement des femmes à Montréal?» dans *Chroniques*, n° 26 (février 1977).

BRASSARD, Claire. «Le référendum de mai et les groupes féministes» dans Nicole Laurin-Frenette et Jean-François Léonard (dir.). *L'impasse*. Montréal, Nouvelle Optique, 1980.

CHAREST, Danielle. «Féminisme: voie d'accès ou terminus?» dans *Amazones d'hier, lesbiennes d'aujourd'hui,* vol. 1, n° 1 (juin 1982), p. 8 à 13.

COLLIN, Françoise. «Pour une politique féministe, fragments d'horizon» dans *Les Cahiers du GRIF,* n° 6 (mars 1975), p. 68 à 74.

COLLIN, Françoise. «Au revoir» dans *Les Cahiers du GRIF,* n°s 23-24 (décembre 1978), p. 5 à 23.

COLLIN, Françoise. «La même et les différences» dans *Les Cahiers du GRIF,* n° 28 (hiver 1983-84), p. 7 à 16.

CÔTÉ, Andrée et Claudine Vivier. «Mais qu'est-ce qu'elles veulent encore?» dans *Le Temps fou,* vol. 1, n° 2 (juin 1978), p. 43 à 46.

CÔTÉ, Andrée et Claudine Vivier. «Trois siècles de monarchie domestique» dans *La Vie en rose,* décembre 1981-février 1982, p. 18 à 20.

DELPHY, Christine. «Nos amis et nous» dans *Questions féministes,* n° 1 (novembre 1977), p. 21 à 49.

DELPHY, Christine. «Libération des femmes, an dix» dans *Questions féministes,* n° 7 (février 1980), p. 3 à 13.

DÉPATIE, Francine. «Les femmes dans la vie économique et sociale» dans *Forces,* n° 27, 1974, p. 15 à 22.

DHAVERNAS, Odile. «Féminisme et institution» dans *Les Temps modernes,* n° 418 (mai 1981), p. 1902 à 1932.

DUMONT-JOHNSON, Micheline. «Peut-on faire l'histoire de la femme?» dans *Revue d'histoire de l'Amérique française,* vol. 29, n° 3 (décembre 1975), p. 421 à 428.

FRÉCHETTE, Louis-Albert. «Hommage à la mère canadienne» dans *L'Action nationale,* vol. 21, n° 2, p. 132 à 140.

GAGNON, Lysiane. «En douceur et mine de rien» dans *Maintenant,* n° 140 (novembre 1974), p. 12 à 15.

GAGNON, Mona-Josée. «Les centrales syndicales et la condition féminine» dans *Maintenant*, n° 140, p. 25 à 27.

GAUCHER, Dominique et Lise Moisan. «Un moment à soi en dehors de chez soi» dans *Possibles*, vol. 3, n° 1 (automne 1978).

GUILLAUMIN, Colette. «Pratique du pouvoir et idée de nature» dans *Questions féministes*, n° 2 (février 1978), p. 5 à 30 et n° 3 (mai 1978), p. 5 à 28.

GUILLAUMIN, Colette. «Questions de différence» dans *Questions féministes*, n° 6 (septembre 1979), p. 3 à 21.

GUILLAUMIN, Colette. «Femmes et théories sociologiques» dans *Sociologie et Sociétés*, vol. 13, n° 2 (octobre 1981), p. 19 à 30.

KAIL, Michèle. «Au hit-parade du changement: les études et recherches féministes» dans *Nouvelles questions féministes*, n° 3 (printemps 1982), p. 79 à 98.

MACKINNON, Catherine A. «Marxism, Feminism, Method and the State» dans *Signs*, vol. 7, n° 3 et vol. 8, n° 4.

RICH, Adrienne: «La contrainte à l'hétérosexualité et l'existence lesbienne» dans *Nouvelles questions féministes*, n° 1 (mars 1981), p. 15 à 42.

TAHON, Marie-Blanche. «Dompter le sauvage» dans *Conjonctures et politique*, n° 6, p. 31 à 41.

TAHON, Marie-Blanche. «Femmes et classes» dans *Les Autres Marxismes réels*. Paris, Christian Bourgois, 1985.

VANDELAC, Louise. «Contraception: autoroute pour la sexualité bolide» dans *Le Temps fou*, n° 13, (février-mars 1981), p. 34 à 41.

VANDELAC, Louise. «Les revers de la contraception» dans *Le Temps fou*, n° 14, (avril-mai 1981), p. 30 à 36.

WITTIG, Monique. «La pensée straight» dans *Questions féministes,* n° 7 (février 1980), p. 45 à 53.

REVUES

Plurielles, vol. 1, nos 1 à 6 (1977-1978).

Des luttes et des rires de femmes, vol. 2, 3, 4 (1978-1981).

La Vie en rose (1980-1985).

Québécoises deboutte! (1972-1974).

Les Têtes de pioche (1976-1979).

Le Devoir, chronique Féminin pluriel (1976-1985).

Amazones d'hier, lesbiennes d'aujourd'hui (1982-1985).

TABLE DES MATIÈRES

Cet ouvrage, le quatrième de la collection
Itinéraires féministes
a été composé en Times romain corps 12 sur 13
et achevé d'imprimer sur papier offset substance 110
en février 1986 par les travailleuses
et les travailleurs de l'imprimerie Gagné
pour le compte des Éditions du remue-ménage.